思想学术系列

四书五经史话

A Brief History of
China's "Four Books and Five Classics"

黄鸿春 / 著

社会科学文献出版社
SOCIAL SCIENCES ACADEMIC PRESS (CHINA)

图书在版编目（CIP）数据

四书五经史话/黄鸿春著．—北京：社会科学文献出版社，
2011.11（2013.6 重印）
（中国史话）
ISBN 978 - 7 - 5097 - 2593 - 1

Ⅰ.①四… Ⅱ.①黄… Ⅲ.①四书 - 研究 ②五经 -
研究 Ⅳ.①B222.15 ②Z126.27

中国版本图书馆 CIP 数据核字（2011）第 150749 号

"十二五"国家重点出版规划项目

中国史话·思想学术系列

四书五经史话

著　　者／黄鸿春

出 版 人／谢寿光
出 版 者／社会科学文献出版社
地　　址／北京市西城区北三环中路甲 29 号院 3 号楼华龙大厦
邮政编码／100029

责任部门／人文分社（010）59367215
电子信箱／renwen@ssap.cn
责任编辑／范明礼
责任校对／王福仓
责任印制／岳　阳
经　　销／社会科学文献出版社市场营销中心
　　　　　（010）59367081　59367089
读者服务／读者服务中心（010）59367028

印　　装／北京画中画印刷有限公司
开　　本／889mm×1194mm　1/32　印张／6.625
版　　次／2011 年 11 月第 1 版　字数／129 千字
印　　次／2013 年 6 月第 2 次印刷
书　　号／ISBN 978 - 7 - 5097 - 2593 - 1
定　　价／15.00 元

总　序

中国是一个有着悠久文化历史的古老国度，从传说中的三皇五帝到中华人民共和国的建立，生活在这片土地上的人们从来都没有停止过探寻、创造的脚步。长沙马王堆出土的轻若烟雾、薄如蝉翼的素纱衣向世人昭示着古人在丝绸纺织、制作方面所达到的高度；敦煌莫高窟近五百个洞窟中的两千多尊彩塑雕像和大量的彩绘壁画又向世人显示了古人在雕塑和绘画方面所取得的成绩；还有青铜器、唐三彩、园林建筑、宫殿建筑，以及书法、诗歌、茶道、中医等物质与非物质文化遗产，它们无不向世人展示了中华五千年文化的灿烂与辉煌，展示了中国这一古老国度的魅力与绚烂。这是一份宝贵的遗产，值得我们每一位炎黄子孙珍视。

历史不会永远眷顾任何一个民族或一个国家，当世界进入近代之时，曾经一千多年雄踞世界发展高峰的古老中国，从巅峰跌落。1840 年鸦片战争的炮声打破了清帝国“天朝上国”的迷梦，从此中国沦为被列强宰割的羔羊。一个个不平等条约的签订，不仅使中国大量的白银外流，更使中国的领土一步步被列强侵占，国库亏空，民不聊生。东方古国曾经拥有的辉煌，也随着西方列强坚船利炮的轰击而烟消云散，中国一步步堕入了半殖民地的深渊。不甘屈服的中国人民也由此开始了救国救民、富国图强的抗争之路。从洋务运动到维新变法，从太平天国到辛亥革命，从五四运动到中国共产党领导的新民主主义革命，中国人民屡败屡战，终于认识到了"只有社会主义才能救中国，只有社会主义才能发展中国"这一道理。中国共产党领导中国人民推倒三座大山，建立了新中国，从此饱受屈辱与蹂躏的中国人民站起来了。古老的中国焕发出新的生机与活力，摆脱了任人宰割与欺侮的历史，屹立于世界民族之林。每一位中华儿女应当了解中华民族数千年的文明史，也应当牢记鸦片战争以来一百多年民族屈辱的历史。

当我们步入全球化大潮的 21 世纪，信息技术革命迅猛发展，地区之间的交流壁垒被互联网之类的新兴交流工具所打破，世界的多元性展示在世人面前。世界上任何一个区域都不可避免地存在着两种以上文化的交汇与碰撞，但不可否认的是，近些年来，随着市场经济的大潮，西方文化扑面而来，有些人唯西方为时尚，把民族的传统丢在一边。大批年轻人甚至比西方人还热衷于圣诞节、情人节与洋快餐，对我国各民族的重大节日以及中国历史的基本知识却茫然无知，这是中华民族实现复兴大业中的重大忧患。

中国之所以为中国，中华民族之所以历数千年而不分离，根基就在于五千年来一脉相传的中华文明。如果丢弃了千百年来一脉相承的文化，任凭外来文化随意浸染，很难设想13亿中国人到哪里去寻找民族向心力和凝聚力。在推进社会主义现代化、实现民族复兴的伟大事业中，大力弘扬优秀的中华民族文化和民族精神，弘扬中华文化的爱国主义传统和民族自尊意识，在建设中国特色社会主义的进程中，构建具有中国特色的文化价值体系，光大中华民族的优秀传统文化是一件任重而道远的事业。

当前，我国进入了经济体制深刻变革、社会结构深刻变动、利益格局深刻调整、思想观念深刻变化的新的历史时期。面对新的历史任务和来自各方的新挑战，全党和全国人民都需要学习和把握社会主义核心价值体系，进一步形成全社会共同的理想信念和道德规范，打牢全党全国各族人民团结奋斗的思想道德基础，形成全民族奋发向上的精神力量，这是我们建设社会主义和谐社会的思想保证。中国社会科学院作为国家社会科学研究的机构，有责任为此作出贡献。我们在编写出版《中华文明史话》与《百年中国史话》的基础上，组织院内外各研究领域的专家，融合近年来的最新研究，编辑出版大型历史知识系列丛书——《中国史话》，其目的就在于为广大人民群众尤其是青少年提供一套较为完整、准确地介绍中国历史和传统文化的普及类系列丛书，从而使生活在信息时代的人们尤其是青少年能够了解自己祖先的历史，在东西南北文化的交流中由知己到知彼，善于取人之长补己之短，在中国与世界各国愈来愈深的文化交融中，保持自己的本色与特色，将中华民族自强不息、厚德载物的精神永远发扬下去。

《中国史话》系列丛书首批计 200 种，每种 10 万字左右，主要从政治、经济、文化、军事、哲学、艺术、科技、饮食、服饰、交通、建筑等各个方面介绍了从古至今数千年来中华文明发展和变迁的历史。这些历史不仅展现了中华五千年文化的辉煌，展现了先民的智慧与创造精神，而且展现了中国人民的不屈与抗争精神。我们衷心地希望这套普及历史知识的丛书对广大人民群众进一步了解中华民族的优秀文化传统，增强民族自尊心和自豪感发挥应有的作用，鼓舞广大人民群众特别是新一代的劳动者和建设者在建设中国特色社会主义的道路上不断阔步前进，为我们祖国美好的未来贡献更大的力量。

陈奎元

2011 年 4 月

⊙黄鸿春

黄鸿春，1968年3月生，瑶族，广西钟山县人。北京师范大学历史学院2011届博士，广西师范学院政法学院副教授。

目 录

前　言

　　《四书五经》为"四书"和"五经"的合称，是中华民族宝贵的文化遗产。

　　"四书"指《论语》、《孟子》、《大学》和《中庸》。《论语》是孔子的弟子们汇编的孔子言行录；《孟子》是记述孟子的政治思想的书；而《大学》和《中庸》原本出自《礼记》，是讲做学问和修身的，一代大儒朱熹将二者分别独立出来加以注解，并且和《论语》、《孟子》合编成《四书章句集注》，简称"四书"，成为儒家的经典。

　　"五经"包括《诗经》、《尚书》、《礼记》、《周易》和《春秋》，简称为"诗、书、礼、易、春秋"。《庄子·天下》篇说："《诗》以道志，《书》以道事，《礼》以道行，《乐》以道和，《易》以道阴阳，《春秋》以道名分。其数散于天下而设于中国者，百家之学时或称而道之。"这说明战国时期已有"六经"，而且不唯儒家所特有。《礼记·经解》篇则借孔子的话来作评价："入其国，其教可知也。其为人也，温柔敦厚，诗教也。疏通知远，书教也。广博易良，乐教也。

洁静精微，易教也。恭俭庄敬，礼教也。属辞比事，《春秋》教也。"秦火以后，《乐经》亡佚了，到汉代时只有其余"五经"立于学官，"五经"之说便流传至今。

《四书五经》内容非常丰富，涉及我国古代政治、经济、哲学、历史、教育、军事、文学、艺术、伦理道德、天文地理等诸多方面。这样的民族瑰宝，对于提高我们现代人的精神文明和思想文化素质仍然有着重要的意义。

历史记载在文献里，保存在传统当中，也存在于我们的传承之中。本书是由北京师范大学九位在读博士研究生合作撰写的国学基础读物，他们以年轻人的视角，介绍《四书五经》书名源起、内容故事、编撰刊刻、成就影响、参考书目等等。文风朴实简约，行文流畅易懂，"信则传信，疑则阙疑"，力图以青年学子的心得体会建构一座沟通今世与古代的思想桥梁，有益于广大读者更好地阅读和理解中国传统文化的经典。

《大学》

　　《大学》原是儒家经典《礼记》中的一篇，作者旧说为曾子，但是没有强有力的证据，可存而不论。《礼记》大约成书于战国末期至西汉初年之间。《大学》随着《礼记》一书流传于世，最初并无特殊地位。到宋代，理学家程颢、程颐等把《大学》从《礼记》中抽出来单独成书。朱熹又把它与《中庸》、《论语》、《孟子》合编为"四书"，并为之作注，撰成《四书章句集注》一书。自元代以来《四书章句集注》成为科举考试的必读书，朱注本《大学》也成为后世最为通行的版本。与《论语》、《孟子》等其他儒家经典著作一起对中国传统文化、思想产生了深远影响。而《大学》作为四书之首，具有纲领性的作用，其影响尤为巨大。

　　《大学》是一篇论述儒家修身治国平天下思想的文章，前人概括为"修"、"齐"、"治"、"平"四字。文中阐述了个人修养与社会政治的关系，提出"明明德"、"亲民"、"止于至善"的三纲领，以及"格物"、"致知"、"诚意"、"正心"、"修身"、"齐家"、"治国"、"平天下"等实现天下大治的八个步骤，这就是宋儒所说的"三纲领"和"八条目"，这些构成《大学》的主要内容。

《大学》成书经过及古本与章句本的差异

说到《大学》一书的来历，需要简单说说《礼记》。《礼记》本是先秦至汉初学者研习《礼》（《仪礼》）的札记，是对《礼》的解释、说明、补充。学者累世相传，所以难以考定具体作者。至西汉初，学者将这些札记编纂成书，但各家所编不一。著名的有传为戴德编的 85 篇本，世称《大戴礼记》，今残；传为戴圣（戴德侄）编的 49 篇本，世称《小戴礼记》。流传到东汉，著名学者郑玄给 49 篇本《礼记》作注，使得《礼记》一书最终定型。现所称《礼记》指的即是戴圣所编《小戴礼记》。《大学》作为《礼记》中的一篇，本不署作者，自朱熹认为"经"一章为孔子言，曾子述；"传"十章为曾子之意，而门人记之。这个说法后人表示怀疑，但真实作者已经难以考证，只能大体认定作者是战国至汉初之间的儒家学者。虽然作者不可考，但并无损于《大学》一书的价值。

《大学》全文约 1700 字，篇幅不大，与其说是一部书，不如说是一篇文章。从西汉《礼记》成书至北宋，《大学》基本都没有单行本。宋初司马光、程颐等

开始表彰之，把它从《礼记》中单独抽取出来，以示
重视。到南宋朱熹编成《四书章句集注》，才彻底地把
《大学》从《礼记》中独立出来。因《大学》与《论
语》、《孟子》、《中庸》合称"四书"，它也就在名义
上有了"书"的资格。《大学》在朱熹之前只有一种
版本。自朱熹注本问世后，因朱熹对《大学》原文作
了改动，故将朱熹修订本称为"章句本"，而把修订前
的称为"古本"。"古本"又称"原本"，即《礼记》
中的《大学》一篇。古本《大学》不单行，只是作为
《礼记》的一篇随全书流传，现通行的版本有《十三经
注疏》本。"章句本"又称"致本"，指宋朱熹重新调
整章节次第并有所补充的本子。两种本子在文字上基
本相同，区别是朱熹调整了古本各章章节的顺序，并
且补充了一章。朱熹的调整并不是率意而为，而是经
过精心考虑的。经过调整使得全文更加完整、紧密，
更便于朱熹宣扬他的哲学理论。朱熹将《大学》分为
十一章，并认为第一章是"经"，后十章为"传"。
"传"与"经"相呼应，系统地反映出朱熹所主张的
为学目标与为学次第。"章句本"与"古本"另一个
不同是朱熹增补了一章（第五章），专门讲"格物致
知"，因此朱熹修改过的本子也称为"致本"。由于存
在这两个差异，因而两种版本的哲学旨趣是不一样的。
从对后世的影响来看，"章句本"的影响要大大超过
"古本"，因为"四书"是旧时士子的必读书，《礼记》
原著则较少有人研读。虽然明代著名理学家王守仁主
张读古本，影响颇大，但仍难以与朱熹抗衡。以至元

以后大多数读书人只知有《大学》，不知有《礼记》了。所以我们在讨论《大学》的思想内容时，主要依照的是朱熹的"章句本"。在两种版本分歧需要讨论之处，则兼及两种版本。

 ## 《大学》的内容

《大学》的内容，简而言之，就是"三纲领"、"八条目"。纲领是目标，条目是实现上述目标的步骤。"大学"是相对"小学"而言的。这里所说的"大学"、"小学"与现在所说的含义不同。古时候小孩长到七八岁，就入小学，学习基本的语言文字知识，以及应对、洒扫等日常行为规范。15岁入大学，学习穷理、正心、修己、治人等知识，其实就是通过学习提高自身的理论修养、思想修养以及治国理政的能力。

我们先看看《大学》全书的结构，全书共十一章，包含经一章，传十章。

经一章：提出"三纲领"、"八条目"。"三纲领"即明明德、亲民、止于至善。"八条目"即格物、致知、诚意、正心、修身、齐家、治国、平天下。

传十章，依次解释"经"中所提出的纲领、条目，秩序井然。

（1）释明明德。

（2）释亲民。

（3）释止于至善。

（4）释本末。

（5）释格物致知。

（6）释诚意。

（7）释正心修身。

（8）释修身齐家。

（9）释齐家治国。

（10）释治国平天下。

首章，即"经一章"是全书的关键所在。读《大学》应当对此章熟读玩味，即可把握全书主旨。文不长，转引如下：

大学之道，在明明德，在亲民，在止于至善。//知止而后有定，定而后能静，静而后能安，安而后能虑，虑而后能得。物有本末，事有终始，知所先后，则近道矣。//古之欲明明德于天下者，先治其国。欲治其国者，先齐其家；欲齐其家者，先修其身；欲修其身者，先正其心；欲正其心者，先诚其意；欲诚其意者，先致其知，致知在格物。//物格而后知至，知至而后意诚，意诚而后心正，心正而后身修，身修而后家齐，家齐而后国治，国治而后天下平。//自天子以至于庶人，壹是皆以修身为本。其本乱而末治者，否矣。其所厚者薄，而其所薄者厚，未之有也。此谓知本，此谓知之至也。

这一章，可分为五层意思，文中以"//"来划分。第一层首先是提出三个目标（"三纲领"）；第二层阐述达到目标的一般方法；第三层则是阐述实现目标的途径（"八条目"）；第四层是说修身的步骤。第五层是总括前文，强调修身的重要性。

《大学》开篇即提出"大学"所要实现的目标："大学之道，在明明德，在亲民，在止于至善。"这三个目标（纲领），"明明德"是首要的。"明德"是儒家所认为的至高无上的德，是世间各种道德规范的总和，也是从事各种活动的原则。在文中主要是指治国的理念和方法等。而第一个"明"字是动词，意思是"使……彰明"。因为正统的儒家认为人性本善，人本来就具备"明德"，只是"明德"在普通人身上没有显现出来，通过学习可以使它显现出来。"明明德"就是"使人所固有的至高无上的德显现出来"。

"亲民"是"大学"的第二个目标。关于"亲民"二字，有两种不同的理解。以程颐、朱熹为代表的一派认为"亲"当做"新"。"新民"即通过政治教化，使民众革除身上沾染的恶习缺点，得以自新。作"新"字解还与下文的"苟日新，日日新"等论述相呼应，使得整篇文章文意更加严密。而遵循古本《大学》的学者则认为当依字面理解，如王守仁认为"亲民"就是使人民亲善的意思。亲人之间要亲善，人与人之间也要亲善，民众与统治者之间也要亲善。王守仁还认为"亲民"兼有教养意，意思是通过施行政教使人民懂得亲善。两种说法各有道理，从在历史上的影响来看，程、朱的说法影响更大，但未免有强改经文来附和自己的见解之嫌；从尊重文本原貌来看，遵循古本应该说是更慎重一些。

第三个目标是"止于至善"。"至善"是指最为完美的、最为崇高的美德。修身就是通过学习提高自身的"善性"，但这样的学习要达到什么程度？《大学》给出的答案是"至善"。所谓"金无足赤，人无完人"，真正的"至善"只存在于理论上，因此实际上这里提出的是一个终身学习的目标，努力做到一个道德上的完人。

冯友兰先生认为"三纲领"实际上只是一纲领，就是"明明德"。"亲民"是"明明德"的方法，"止于至善"是"明明德"的最后完成。

在提出上述三个纲领后，首章接下来就给学者指明如何去实现这些纲领。不是独善其身的修养，而是要以天下苍生为己任，达己济人，这样就使学者立志高远。目标如此远大，如果没有切实能行的办法，那就显得空疏。先是讲一般方法，即规律性的东西。认识到最终要实现的崇高目标，在学习上就有了一定的方向和目标（"定"）；有了方向才会不盲动，稳健前进（"静"）；进而能随遇而安，内心不为外物所左右（"安"）；在"安"的状态下才能够缜密地思考（"虑"）；通过缜密的思考，才能达到最终目标（"得"）。

讲了一般规律，又阐述修习的具体步骤，使学者能够循序渐进。文章从作为终极目标的"明明德"说起，但"明德"所含甚广，所指甚大，容易让人无从措手。第一章第三、第四层讲的就是如何去实现上述目标。从途径而言，要达到"治国平天下"的目的，必须一步步地回归于"修身"，而"修身"又归结于"格物"。而从具体的修习步骤而言，其实是上述过程的相反程序。由"格物"而达到"身修"，"身修"则可"治国平天下"。文章先由远及近，后由近及远来说明学习步骤，推演到最后，其实就是从点滴小事做起，积累自己的"才""德"，这样就可实现"明明德"这一终极目标。通过这么一阐述，学者会感到，原来要做到伟大也不难，使得"入圣德之门"不是那么高不可攀，让学者更直观感受到学习的成效，最终就如孟子所说的"人皆可为尧舜"。

最后一层强调了修身的重要性。修身对学者而言是最直接、最基础的，如果修身做得不好，其他目标就无从谈起了。

以下"传"十章，就是依次阐述"经"中所提到的各种问题。朱熹在《大学章句》中归纳为："前四章统论纲领指趣；后六章细论条目工夫。其第五章乃明善之要；第六章乃诚身之本。在初学尤为当务之急，读者不可以其近而忽之也。"各章长短不一，短者仅数句，长者八百余字，几乎占《大学》全文的一半。现将各章要点简述如下。

传一章，释明明德。这一章引用古语以证明"仁"是出于人内心原具有的善性。

传二章，释新民。教人不断求"新"，追求上进，以达到至善。从这一章的内容可看出程颐、朱熹将"经"开头"大学之道，在明明德，在亲民"一句中的"亲"改为"新"的用意。

传三章，释止于至善。这一节说人要懂得并要知道自己在社会上应有的位置。百姓选择地点居住，鸟儿选择地方栖息，都是选择最适宜的地方。一个人无论处于什么地位，都应做到符合相应地位的最高标准的要求。

传四章，释本末。这一章非常简略，参考"经"及其他章中对"本"、"末"的论述，可知"本"即根本，指最重要的方面；"末"即末梢，指不重要的方面。"经"中说"修身"为本，言下之意是作为目标的"治国平天下"为末。本章仅举了"听讼"一个例子来说明。要断好案，最根本的是修德，德行高了自然不会发生争讼之事。没有争讼之事，"听讼"这件事自然就做"好"了。所以朱熹说"观于此言，可以知本末之先后矣"。

传五章，释格物致知。这一章是最能体现朱熹思想的一章。这一章原文仅二句："此谓知本，此谓知之至也。"朱熹认为前面有缺文，于是假托二程之语作了补充，实则是朱熹自己的思想。重点阐述"格物致知"的思想。大意是说，要想使我们的知识推展到精深之处，就应该针对事物的表面现象，用心去探究它的内在本质。通过思考，发现事物固有的规律。做到精益求精，达到最高的境界，这才是求知的终极目标。朱熹的这段补充，是对"经"中"致知在格物"一语的阐释，但"格物"究竟是什么意思，并没有统一的看法。据《大学章句》首章的解释："格，至也。物，犹事也。穷至事物之理，欲其极处无不到也。"考其文意，朱熹认为"格"就是"推究"，"格物致知"就是推究客观事物来获取真知。这也成为后世对此语的通常解释。朱熹的格物致知论是与正心、诚意、修身、齐家等道德问题联系在一起的。

传六章，释诚意。这一章强调了"慎独"，即在没有旁人监督的情况下坚守良好的品行。这是古人修身中很重要的一个思想。诚意的意思就是不欺骗别人，更不欺骗自己。这就好像恶臭使人厌恶，美色使自己愉快一样，我们对它们的好恶会本能地表示出来。小人做了坏事，总想把自己的缺点隐藏起来，其实别人早已看得清清楚楚。所以"诚"要在心，而不在做给别人看，表现在行动上，就是要"慎其独"。在独处时更要严格要求自己，真正做到"诚意"。

传七章，释正心修身。修身还得"正其心"。心中有忿恨、恐惧、好乐、忧患，思想就容易受到影响，难以做到"正"。要摒除这些使人躁动的情绪，保持心灵的安宁，这是修身的基本要求。

传八章，释修身齐家。修身是齐家的前提，自身修养没做好，一个家庭就难治理好。人们对待自己或喜爱、或讨厌、或敬重、或怜悯的人，会表现出不同的态度，这样还不行，还必须在喜欢一个人时了解他的缺点，厌恶一个人时知道他的优点。要做到这点，自身的修养首先要高。这样在与人相处或管理家庭时就能井井有条，使家庭和睦亲善。

传九章，释齐家治国。要治理好诸侯的封国首先必须治理好自己的家庭，因为治国与治家是相通的。

只有首先教化自己的家人，才能教化民众，否则是不可能的。尧、舜用"仁"来号召天下，百姓们也都讲究仁爱，拥戴他们；桀、纣用"暴"来治理国家，百姓也用暴力来推翻他们。君子首先有了此种美德，然后才可以教化别人具有这个美德；自己没有恶习，才能批评别人的恶习。而美德要从修身、齐家中一步步养成。只要教导好自己的家人，才能治理好封国。

　　传十章，释治国平天下。这是《大学》中最长的一章。先秦时"国"指封国，即诸侯的封地，是国家的一部分；而"天下"则相当于我们现在说的整个国家。秦汉以后废除分封制而实行郡县制，上古时所谓"国"的概念已经不存在了，后世则把"治国平天下"泛指治理国家。"治国"与"平天下"都是治理民众，但范围有大小之分，不过方法和原则是一样的。朱熹在这一章又提出"絜矩之道"。絜、矩都是衡量长度的工具，"絜矩之道"就是推己度人，自己不喜欢的事，不要用来要求别人。治理人民要顺应民心，而不应强人所难，这样才能成为"民之父母"。不这样做就会失去民心，被天下人唾骂、诛杀。还专门谈到"财"的问题，认为"德者本也，财者末也"。强调"国不以利为利，以义为利也"。如果一味搜刮聚敛钱财，必然会带来灾祸。

 ## 《大学》的影响及价值

　　《大学》对中国古代社会的影响是不可低估的。作为《礼记》中的一篇，它对于汉儒的思想有直接的启发。特别是到宋代理学勃兴时，二程把它单独成篇，后朱熹把它编入"四书"，借助科举的力量，又使它发挥了极大的作用，可以说宋以后每一个读书人都免不了受《大学》的影响。《大学》强调了学习者自身道德修养的提高，还强调了对社会的关心和参与精神，对形成良好的社会风气与促进社会发展都具有积极意义。但同时也把人的思想束缚在儒家的思维范围之中。

《大学》的重要贡献是提出了一个政治哲学纲领。《大学》以不长的篇幅使儒家思想理论化、通俗化，便于学者学习掌握。《大学》所提出的"修、齐、治、平"思想，几乎成了旧时读书人的唯一标准理想。这种思想对后世的影响，从好的方面看，主张积极入世，注重自身修养，关心人民疾苦，努力改善民生，维护社会安定，拥护统一，对社会的繁荣稳定发挥了重要作用。但也带来思想僵化的缺点。在封建时代，一个人如不按照"修、齐、治、平"这条线路来走，轻则斥之为不成才，重则为离经叛道，大家群起而攻之，使得人们轻易不敢越雷池一步。从这个思维模式教育出来的人，虽然有"达则兼济天下"的信念，但他们的最终目标是为最高统治者服务的，让百姓过上好日子并不是他们的最终目标，只是维护统治阶级的统治的手段罢了。在这种思想指导下，如果百姓与统治者利益发生冲突，只能是牺牲百姓的利益。因此儒家思想多少带上一些奴性。这也是历朝历代统治阶级推崇儒家思想的主要原因。

儒家思想对宗教在中国的传播具有重要影响。儒家思想与宗教在本质上是大异其趣的，因此儒学的盛行必然遏制宗教的流行。儒家与宗教虽然都讲究修身，但儒家的修身是为了兼济天下，而宗教的修身更多是为了个人的解脱。宗教主张出世，不问世事，对统治者而言是一个消极影响，因此统治者对宗教都会有所抵制。在中国，宗教始终不能成为社会的主导思想，其中一个重要的因素来自儒家思想影响。

四　读法及参考书

由于《大学》一书对后世产生了巨大影响，因此研究古代哲学、历史，乃至文学、艺术都少不了要研读它。读《大学》应当以"章句本"为主。这样的选择并不是对两种文本的优劣作一判断，而是从它们对后世的影响来看的。有些学者主张读"古本"，最著名的如明王守仁。至清代，虽然复古思潮甚盛，学者也大多尊崇古本《大学》，但坊间流行的仍是"章句本"，对于古本人们甚至难得一见。可见"章句本"的影响巨大，我们要窥知古人思想，当然还是以"章句本"为主。

我们读《大学》的目的与古人已经大异其趣了。古人读《大学》，是为了培养封建时代的人生观，最终将学习者变成他们维持统治的工具，而不是作为单纯的哲学理论来看待，更不是消遣娱乐。古人读《大学》是要把它所阐述的道理作为自己的人生信条，并身体力行的。我们读《大学》，主要是为了了解古代的思想、文化，以便于从中汲取有益的精华，为当今的社会服务。对于《大学》中的精华与糟粕我们当然要认清，但并不是为了批判，而是通过读《大学》，了解古人的精神，从而更深入地理解他们当时的言行、作品，而不至犯以今律古的毛病。

读《大学》贵在熟读玩味原文。朱熹在《大学章句序》中说："《大学》之书，古之大学所以教人之法也……教之以穷理、正心、修己、治人之道。"他反对"俗儒记诵辞章之习"和"异端虚无寂灭之教"的习学方法。朱熹在《大学章句》之最后作一概括说："凡传十章。前四章统论纲领指趣，后六章细论条目功夫。其第五章乃明善之要，第六章乃诚身之本，在初学尤为当务之急，读者不可以其近而忽之也。"

读"章句本"《大学》自然当以朱熹《四书章句集注》为研读蓝本。此书是朱熹平生最为重要的著作，也是他最为得意之作。由于它是士子的必读书，因此历朝历代翻印甚多，时有讹误。中华书局以清嘉庆吴县吴英、吴志忠父子校刻的《四书章句集注》为底本，出版了"新编诸子集成丛书"之《四书章句集注》，是目前最为权威的版本。朱熹另有《四书或问》一书，"以诸家之说纷错不一，因设为问答，明所以去取之意"。可以作为读《集注》时的参考。《集注》在朱熹一生屡经修改，而《或问》朱熹本不欲刊行，因而修订未密。两书有些地方不甚吻合，但亦足参考，可见朱熹在不同时间里对同一问题的不同思考。后人关于"四书"的著述很多，就文本的解释而言，都不能出朱熹范围。如非专门研究，则不必一一遍览，此处介绍从略。今人对《大学》也时加留意，由于此书篇幅甚短，不便写成专著，一般在"哲学史"或"文化史"等著作的相关章节进行介绍，但往往较为浅显、简单，有新意的不多。冯友兰《中国哲学史》、《中国哲学简史》二书都专门论及《大学》，介绍得较他书详细，有较大参考价值。较为专门的著作有钱穆的《四书释义》，郭兰芳的《大学浅解》等。钱穆《四书释义》中的《大学中庸释义》，篇首钱先生在例言中略言二书沿革及评价，主体是照录朱熹本原文。并录"古本"《大学》作为参照，一册在手而两本皆备。除"例言"外，钱先生间有按语，亦简明扼要，足资参考。钱先生另有《宋代理学三书随札》亦有关于《大学》的论述，可参看。郭兰芳《大学浅解》逐句详解《大学》原文，便于初学领会原书意旨。金克木《读〈大学〉》一文（见金克木《文化卮言》，又收入张岱年主编《国学今论》），对《大学》作了批判性的解读，观点较为新颖。李松玉《至尊理学——两宋哲学》（辽海出版社，1998），较系统地介绍了宋代理学的发展沿革，对深入理解朱熹思想较有帮助。

古本《大学》虽不是阅读重点，但有时亦需参考，故也略作介绍。因古本不单行，需看《礼记》中的《大学》一篇。目前最好的版本是中华书局影印的阮元校刻的《十三经注疏》。《十三经注疏》中的《礼记》是东汉郑玄注，唐孔颖达疏，这是解读《礼记》最权威也是最重要的材料。后人虽有不少学者注释《礼记》，但都没有超过郑注孔疏的。

（北京师范大学文学院　石勇博士）

《中庸》

子曰："中庸之为德也，其至矣乎！民鲜久矣。"宋代程伊川指出：《中庸》是儒家代代传授的孔门"心法"。朱熹强调：历代圣贤之书，没有比《中庸》更能提纲挈领、开示蕴奥，没有比《中庸》更明白且透彻的。《中庸》是中国儒家典籍中最具有哲学性的著作，数千年来，《中庸》似乎有一种无穷的魅力，吸引着代代学者绵绵不绝的研究。

 《中庸》及其篇名含义

如果非要一句话给《中庸》下个定义的话，可以这么说：《中庸》是中国古代儒家最早、最集中地试图阐述其"中"、"诚"等核心理念的论述。众所周知，孔子首开儒家学派，可孔子喜欢"述而不作"，除了编订"五经"之外，自身并无著述。孔子去世之后，后世弟子编有《论语》，记录了孔子及其弟子的言行，多为孔子的言语或对话。这些对话范围广泛，富有广博深厚的启发性，《中庸》就是儒家较早地集中论述孔子某些核心理念的论述。

关于《中庸》篇名的含义，众说纷纭。历代注家对于"中"的字源学解释虽然不尽相同，但对其在本篇中象征"不偏不倚"则基本达成共识。现代学者常常引用西方的理论，如"黄金分割点"、"拉弗曲线"等来类比，以促进对"中"的理解。主要的分歧在于"庸"字的理解上，古代中国大致出现两种有代表性的解释。一种是郑玄的注解，郑玄说："名曰'中庸'者，以其记中和之为用也。庸，用也。"另一种是程颐和朱熹的解释，这两人解释稍稍有些差异，但差异不大。程颐说："不偏之谓中，不易之谓庸。中者天下之正道，庸者天下之定理。"朱熹说："中者，不偏不倚，无过不及之名。庸，常也。"关于这两种截然不同的解释，从文字训诂方面来探究，郑玄的注释更有根据；而就哲学和诠释学而言，程朱的解释更富有义理内涵，也更具备实践意义。从历史影响上来看，程朱的解释随着他们官方思想地位的确立，也毫无争议地影响更大。明清以来，不断有人提出自己对于"中庸"二字的见解，比如把"中"解释为"不差"，把"庸"解释为"不异"，和程朱的解释也都大同小异。乃至于在古代中国（宋以后）人人必读的童蒙读物《三字经》里，也说到所谓《中庸》，就是"中不偏，庸不易"，完全采用程颐的说法。尽管如此，时至今日，对于《中庸》篇名二字的理解仍无定论，且有不断糅合和丰富之趋势。

 《中庸》源流及其经典化过程

《中庸》作为一个文本形态，可以说是一篇文章，也可以说是一部著作。说它是一篇文章，是指我们今天所能见到的《中庸》最早是作为《礼记》里的一篇而存在的。虽然朱熹之后，后世治礼者多尊《中庸章句》，常把《中庸》篇排除在49篇之外（有些仅录原文或仅存目），但清代汉学兴起，又将其璧回《礼记》研究。现在我们看到新出版的各种《礼记》版本，都能看到《中庸》篇的存在。说它是一部著作，是指《中庸》在后世有了不少单行本，尤其是到了宋代，自从程颐把它提高到"孔门传授心法"的地位，认为是子思记下来传给孟子的著作之后，《中庸》便从《礼记》中脱颖而出。后来被朱熹列为"四书"之一，一跃而成儒家经典了。因为《中庸》只有三千多字，在"四书"中较之《论语》和《孟子》的篇幅都要小，于是就常和同样薄薄的《大学》合为一册，称为《学》《庸》，所以，后世我们见到的"四书"，一般都是三册书，一册是《学》《庸》，一册是《论语》，一册是《孟子》。

《中庸》最早是《礼记》中的一篇。据朱自清在《经典常谈》里称，关于礼，汉代学者所传习的有三种"经"和无数的"记"。三种"经"是《仪礼》、《礼古经》和《周礼》。而这无数的"记"则是儒家杂述礼制、礼制变迁的历史，或礼论之作；所述的礼制有实施了的，如《仪礼》，也有理想的，如《周礼》，有些也掺和了一部分"经"的内容。这无数的"记"很多都没能留下来，现在能看到的只有西汉中期戴德编的《大戴记》和戴圣编的《小戴记》，《小戴记》后来被郑玄作注后，大为流行，被直接称为《礼记》。《中庸》就是其49篇中的第31篇。

《礼记》诸篇多是叙述某种礼仪细节或者论述某种礼仪精神的，如《弹弓》、《冠义》。《中庸》处在其中，就显得比较另类。它很抽象，不涉及某种具体的礼仪；它又很广大，似乎对各种礼仪都适合。很早的时候，人们就发现了这个状况，所以，《中庸》很早就被人单独注意。《汉书·艺文志》中就有《中庸说》两篇，《隋书·经籍志》中有戴颙的《礼记中庸传》两卷，梁武帝的《中庸讲疏》一卷以及无名作者之《私记制旨中庸义》五卷。可惜这些书都已经不在了，尽管我们从书名上无从得知这《汉书》中的《中庸说》两篇和《礼记·中庸》有怎样的文本关系（现代学者徐复观、武内义雄等认为两者同一或者有重合部分），但至少《礼记中庸传》和《中庸讲疏》两本著作是对《礼记·中庸》篇的注释和阐发则无疑。也即至晚在南朝的时候，今本《中庸》在《礼记》中已经被特别关注并曾单行，而且还得到了如同梁武帝等高层统治者的青睐。到了唐代，韩愈及其弟子李翱对《中庸》十分重视，李翱写过《中庸说》，并在其代表作《复性书》中阐发了《中庸》的思想。

宋代对于《中庸》的经典化进程来说是个分水岭。《中庸》在宋之前虽然也受重视，但是基本脱离不了郑玄的注解。到了宋代，似乎一夜间，上至帝王将相，下至方士走卒，都开始对《中庸》另眼相看起来。先是和尚智圆和契嵩礼赞《中庸》并为之阐发义理，智圆还自号"中庸子"。接着宋仁宗对《中庸》表示出了极大的兴趣，天圣年间，王尧臣新登进士第一名，宋仁宗亲书《中庸》以赠之，后遂成惯例。仁宗朝前后，胡瑗、周敦颐、司马光等都对《中庸》做了详细阐发和给予很高评价。范仲淹对《中庸》非常看重，《宋史·张载传》记载，当康定元年（1040 年）用兵西夏时，张载"以书谒范仲淹，（范）一见知其远器，乃警之曰：'儒者自有名教可乐，何事于兵！'因劝读《中庸》"。到了"二程"那里，终于把话点破。伊川先生说，"此篇乃孔门传授心法，子思恐其久而差也，故笔之于书，以授孟子"，亦即将其作为儒学心法秘籍，要登堂入室，识得儒家大体，非得熟谙此道不可。朱熹于是将《中庸》从《礼记》中抽出来，重新校定章句并作注释，完成《中庸章句》，强调《中庸》是"提挈纲维，开示蕴奥，历选前圣之书，未有若是之明且尽者也"。并将其与《大学章句》、《论语集注》、《孟子集注》合一起，形成了《四书章句集注》。儒家于"五经"、"十三经"之外的新经典体系——"四书"正式形成。按"程朱"的看法，《中庸》最深最难，于是将其排在"四书"研习顺序的最后一部。他们认为，有了《大学》的提纲挈领，融贯了《论语》、《孟子》的"微言"旨趣，最后才有可能领会《中庸》的心法。一旦领会之后，"善读者玩索而有得焉，则终身用之，有不能尽者矣"。

南宋之后，《中庸》连同朱熹的《中庸章句》地位越升越高。宋末黎立武在其《中庸指归》中甚至称其为"群经之统会枢要"。由于宋代帝王将相和文人学士延绵不绝地表彰和提倡，至宋末，《中庸》的经典化已经完成。经典既已确立，元明清三代的任务只要维护就行了，他们的手段相当简单而有效——科举。元代皇庆二年（1313年）下诏恢复科举，规定以朱熹的《四书章句集注》为所有参试者的标准用书，直至元朝灭亡，后为明清两代所沿袭。《中庸》作为"四书"之一，依靠古代中国强大的考试体系，毫无争议地成为儒家经典近千年。

 ## 《中庸》的内容和思想

都说《中庸》难懂，朱熹曾说："熹自蚤岁即尝受读，而窃疑之，沉潜反复，盖亦有年。"并告诫门人说："中庸之书难看"，"而今都忒难理会"。明代赵南星也说："《大学》者，言其道之大也。《中庸》者，言其道之中正而平常也。二书之大旨具矣。初学者率苦二书之难通，而尤以《中庸》为难。夫大者反易，庸者反难，二贤（曾子、子思）岂欺我哉！"造成《中庸》难懂的局面，主要在两方面：一是《中庸》的文本结构异常复杂。程颐说："其书始言一理；中散为万事；末复合为一理。"朱熹说："《中庸》一书，枝枝相对，叶叶相当，不知怎生做得一个文字整齐。"但在更多人的眼里，《中庸》不过是一堆杂乱无章的孔子语录或者儒家论点的混合罢了。二是《中庸》涉及的概念众多且极其抽象。朱熹说："《中庸》多说无形影，如鬼神，如天地参等类，说得高。说下学处少，说上达处多。"如今且不说这些"鬼神、天地参"等类，且光是开篇"性、道、教"三义就够今人争论不休的了。本节将努力对《中庸》的文本结构和思想内容做较详细的梳理和介绍，以期我们对《中庸》有大致的了解。

《中庸》全篇一共 3544 字。郑玄给《礼记》作注的时候，把《中庸》分为 36 章。朱熹在对文本次序做过稍许变动之后，把《中庸》分为 33 章。随着《中庸》的地位提升，注家也多了起来，章节划分也层出不穷：宋晁说之分《中庸》为 85 章，黎立武分为 15 章，明管志道分为 35 章，清李光地分为 12 章，而四库馆臣在《提要》中又将《中庸》划分为 15 章。由于《四书集注》在科举考试中的权威性，朱熹的划分法为最多人所接受。我们这里就依照朱熹的章节划分和逻辑对《中庸》内容作简要介绍。

《中庸》第一章为"天命之谓性；率性之谓道；修道之谓教。道也者，不可须臾离也；可离，非道也。是故君子戒慎乎其所不睹，恐惧乎其所不闻。莫见乎隐，莫显乎微。故君子慎其独也。喜、怒、哀、乐之未发，谓之中。发而皆中节，谓之和。中也者，天下之大本也。和也者，天下之达道也。致中和，天地位焉，万物育焉"。朱熹认为，这第一章是子思述孔子所传之意，用语言表达出来，开篇第一句即言明"道之本源出于天而不可易，其实体备于己不可离"，接下来说存养省察的重要，最后说圣神功化之极。朱熹借此告诉学生，要"反求诸身而自得之，以去夫外欲之私，而充其本然之善"，并借杨时的话说这一章是《中庸》整篇的"体要"。

第二章到第十一章，引"子曰"（独第二章称"仲尼曰"）十条做论据，以阐明首章之意。并且列举舜、颜渊、子路三者之事，托出《中庸》整篇的"大旨"——"智、仁、勇"三种德行。

第十二章是子思的论述，中心论点为"君子之道费而隐"。朱熹认为，这是再次申明首章"道不可离"之意。"费"，言用途的广泛，"隐"，言内涵的精深，所以，君子之于"道"，既不可离，亦不可止。

第十三章到第二十章，引孔子和《诗经》之言，间或夹以子思的论述，方方面面展开论述，阐明第十二章的观点。第二十章"哀公问政"的篇幅格外长，《孔子家语》也有收录，大致相同。儒家传世文献中对孔子言语的记述，鲜有见如此之长者。在本章中，孔子通过对于"三达德"、"五达道"、"九经"的论述，托出《中庸》整篇的枢纽——"诚"。

第二十一章很短，"自诚明，谓之性，自明诚，谓之教。诚则明矣，明则诚矣"。朱熹认为，这是子思上承第二十章的"天道、人道之意"，即"诚"和"诚之"而立言。从这里可以看出，和第一章一样，子思对"性"、"教"等概念非常看重，反复从多角度来定义和解释。

第二十二章到最后一共十二章，大都是子思自己的话。这十二章仅三处引用"子曰"，但却十多处引用了更原典的《诗经》的话，论述的成分大大增加，文采更加整齐华丽。朱熹的看法是，这十二章是子思"反复推明此章（第二十一章）之意"，朱熹认为，其中，第二十二、二十四、二十六、三十、三十一、三十二章言"天道"，而第二十三、二十五、二十七、二十八、二十九章则言"人道"，最后一章则从天道返人道，又从人道推及天道，举整篇之要而约言之，反复叮咛，深切感人。

如此，则我们可以理解前面程颐所说《中庸》，初为一理，后散万事，最后复归一理的话。而从朱熹所分析的"论点（第一章）—论证（二至十一章）—论点（第十二章）—论证（十三至二十章）—论点（第二十一章）—论证（二十二至三十三章）"的结构中，从最后的第二十二到三十二章，"天道"、"人道"交错进行的排列中，我们也就可以稍稍理解朱熹所说的"枝枝相对，叶叶相当"的含义了。

上面划分和理解带有很强的"程朱"个人风格，但毕竟也能够前后贯通，自成一家。至少，我们在熟读原文后，可以通过这个结构分析，比较整体性地了解《中庸》的内容，这是至关重要的。当然，其他注家也各有自己的理解和划分，这里就不一一列举了。

关于《中庸》的思想，《中庸》里依次涉及概念有很多：天、性、道、教、君子、慎独、中、和、中和、中庸、智、愚、贤、不肖、强、圣、忠恕、君子之道、自得、孝、仁、义、五达道、三达德、修身、九经、诚、明、善、天地参、化育、外内之道、文、德性、问学、高明、哲、礼、德等等。这些概念基本上囊括了儒家所有的重要概念，很巧合的是"四书"对这些理念的论述，似乎有所分工。这些概念如"仁"、"孝"，在《论语》中讲得最多，如"义"、"善"在《孟子》中讲了不少，而"修身"、"忠恕"（絜矩之道）则是《大学》篇的根本。《中庸》有它自己的命题以及一些重点论述的概念，将上述概念加以整理，则有"天"、"中"、"诚"、"三达德"、"五达道"、"九经"等，这些概念组成了《中庸》的思想体系。

首先，"天"是最初最原始的一个概念，它无处不在，无所定型，可以理解成杜维明所说的"一个有意愿的又眷顾人间事物的最终裁定者"。其次，和"天"一样同样具有本体论意义的另一概念，是"诚"。同样作为万物的本源，"诚"之于"天"的区别，在于"天"是变幻的，是绝对的不可感知的间接的本源，而"诚"则是稳定静止的，是相对的可以感知的直接的原点。"诚"是"天"之所生，是"天"的凝结。"天"无以描绘、无法言说，"诚"则可以通过慎独的功夫来体认。可以说，有了"诚"作为原点，才有了关于人的"性、道、教"，诚的物质载体大约是人之心。要体会"诚"，需要慎独的功夫。接着，而由"诚"生发出的第一状态就是"中"。"中"的意思可以理解为"诚在其中"。万物皆有"诚"，然只有人才能"执中"、"时中"和"用中"，所以，"中"是"诚"所发生，但又还未由人所发的状态，其物质载体大约是人之身。要达到"中"的状态，需要有所谓的"三达

27

德"（智、仁、勇）。如果主体突破"中"未发状态，达到"发而皆中节"就是"和"，"和"则超越了个人界限，存在于主体与群体的关系之中。达到"和"有几个途径，就是所谓的"五达道"（君臣、夫妇、父子、昆弟、朋友）。达到"和"的状态，就可以国治家齐，所以，"和"的物质载体是群体，即"家"和"国"。将"和"的状态和途径充而扩之，做到"九经"，就是天下和，从而最大限度地实现了"天"的理念。这一阶段勉强用《中庸》里的话，就是"天地参"，用《大学》里的话，就是"平"，其物质载体是"天下"。

如此，则《中庸》的理念构架"天、诚、中、和、天地参"与《大学》里的"格、致、诚、正、修、齐、治、平"八目也可以对应起来，这也就是儒家所说的外内之道。当然对于《中庸》思想的解说只是一种理解，而对于一部如此有原创性和启发性的，甚至具有强烈"诗意"的经典来说，任何一种框架式的分析甚至最细微的概括都可能是很危险的。所以，任何解读对于《中庸》来说，都只能是一个起点，"及其至也，虽圣人亦有所不至焉"，我们的任何理解和解释都不能囊括它的全部本意，只能永无止境地向它靠近。

四　《中庸》学研究的几个问题

宋元明清历代都有不少《中庸》的研究专著。如宋代朱熹的《中庸章句》、黎立武的《中庸指归》、袁甫的《蒙斋中庸讲义》，元代许谦的《读中庸丛说》，明代宋大勺的《中庸说要》、赵南星的《学庸正说》，清代张沐的《中庸疏略》、李恕谷的《中庸传注》、王澍的《中庸困学录》、范尔梅的《中庸札记》、郭嵩焘的《中庸章句质疑》、潘家邦的《中庸笺注讲义别体》，等等。而散见于各家文集或者《礼记》研究中的一些相关研究文章，更是不胜枚举。在这里，我们介绍几个《中庸》学研究上不可回避的重点问题。

1. 《中庸》的作者

最早记录《中庸》作者是子思的是司马迁，他在《孔子世家》里写道："伯鱼生伋，字子思，年六十二，尝困于宋。子思作《中庸》。"后世郑玄、孔颖达、朱熹也都采此说。《孔丛子》一书还对"尝困于宋"曾有详细的记载：

> 子思年十六适宋，宋大夫乐朔与之言学焉。朔曰："《尚书》虞、夏数四篇善也，下此以讫于秦费，效尧舜之言耳，殊不如也。"子思答曰："事变有极，正自当耳，假令周公、尧、舜不更时异处，其书同矣。"乐朔曰："凡《书》之作，欲以喻民也。简易为上，而乃故作难知之辞，不亦繁乎？"子思曰："《书》之意兼复深奥训诂成义，古人所以为典雅也。"曰："昔鲁委巷亦有似君之言者。"伋答之曰："道为知者传，苟非其人，道不传矣。今君何似之甚也？"乐朔不悦而退，曰：

"孺子辱吾。"其徒曰鲁虽以宋为旧，然世有雠焉，请攻之。遂围子思，宋君闻之，不待驾而救子思。子思既免，曰："文王困于羑里作《周易》，祖君屈于陈蔡作《春秋》，吾困于宋可无作乎！"于是撰《中庸》之书四十九篇。

从上述材料可以看出子思的思想和为人，子思对于时代的变与不变有很自如的把握，而其性格之刚强，浩然以"道"为己任，与《中庸》里的思想确有很多吻合之处。《孔丛子》托名为汉孔鲋所著，清代辨伪学者已经证明其为晋人伪作，但是清儒又认为，《孔丛子》尽管是伪书，但属于"伪书中含有真书者"（见梁启超《中国近三百年学术史》），所以，其对于子思作《中庸》的记录，仍然不可因其伪书就遽然忽视。《孔丛子》中还有很多对于子思的记载，有助于我们加深对子思的认识，如：

胡毋豹谓子思曰："子好大，世莫能容子也。盍亦随时乎？"子思曰："大非所病，所病不大也。凡所以求容于世，为行道也。毁道以求容，道何行焉。大不见容，命也。毁大而求容，罪也。吾弗改矣。"

曾申谓子思曰："屈己以伸道乎，抗志以贫贱乎。"子思曰："道伸，吾所愿也。今天下王侯，其孰能哉。与屈己以富贵，不若抗志以贫贱。屈己则制于人，抗志则不愧于道。"

抗志以贫贱，有如夫子，好大而行道，又似孟子，子思在孔孟之间，是承上启下的重要一环。另外，从言语风格和言谈内容来看，子思和孟子似乎更接近一些。如此严整的言语和思辨，写出《中庸》这样有哲理和心性意味的论述来也不奇怪。子思被后世奉为"述圣"，在"孔门四圣"中排在孟子之前。

既然如此，似乎已成定论，那么所谓作者问题又何在呢？正如当代学者梁涛所言："《中庸》是否为子思所作，在宋代以前并不成为问题，当时大多数学者对此都持肯定态度。"问题出在疑古风气开始渐浓的宋代，欧阳修首先提出质疑，他认为，《中庸》中的"自诚明，谓之性"等语，与孔子所自称的"吾非生而知之者"，提倡"学而知之"的理念不符，于是欧阳修说："在孔子尚必须学，则《中庸》之所谓自诚而明，不待学而知者，谁可以当之乎？"所以，欧阳修认为《中庸》可能不是子思述孔子之道。后来清代学者袁枚、叶酉、俞樾等人根据《中庸》中有"载华岳而不重"、"车同轨、书同文、行同伦"等语，怀疑《中庸》一书晚出，非子思所作。这些学者认为：子思主要在邹鲁宋齐一带活动，足迹未尝入秦，其言泰山有可能，言华岳则不可解；至于"车同轨、书同文、行同伦"，明显是秦国统一后的用语，由此认为《中庸》成书当在秦统一以后乃至西汉时期。对于这些质疑，学者们也各有解释。民国时期"古史辨派"兴起，《中庸》的作者和成书更是遭到怀疑。直到近年来，随着许多新的出土文物发现，学界又有将《中庸》成书时代往前推进的趋势，但《中庸》的作者已然被长久地打上了问号。

2.《中庸》的成书

和作者问题连在一起，但又比作者问题更重要的是《中庸》的成书问题。因为这关系到对文本的解读。《中庸》在"程朱"那里是一个圆融的首尾相应、枝枝相对、叶叶相当的完满体系，尽管难懂，但是很少有人对文本的构成产生疑问。依然是在那个思想充分自信和自由的宋代，王柏（1197～1274年）成了最早对《中庸》文本构成和成书提出质疑的人。他在《古中庸·跋》中说："愚滞之见，常举其文势时有断续，语脉时有交互，思而不敢言也，疑而不敢问也。一日偶见西汉《艺文志》有曰：'《中庸说》二篇。'颜师古注曰：'今《礼记》有《中庸》一篇。'而不言其亡也。惕然有感，然后知班固时尚见其初为二也。合而乱，其出于小戴氏之手乎？"

关于班固在《汉书·艺文志》中所列的《中庸说》两篇，第一节已经提到，其书早佚。自从王柏提出今本《中庸》可能是由《礼记》的编者戴圣将《中庸说》二篇（王柏认为这两篇一篇叫《中庸》，系朱熹所定章节的第二十章以前，一篇叫《诚明》，系第二十一章以后）"合而乱"之后，学者多有跟进论述，但终无定论。不过，王柏对于《中庸》今本"其文势时有断续，语脉时有交互"的感受，却道出了很多人的心声，引发了许多有建设性的思考。民国以降，"经学"神圣地位被取消之后，《中庸》的研究在王柏的思路上走得很远。不断有学者认为，《中庸》由两部分组成，子思不是《中庸》的唯一作者。

上述对于《中庸》成书的看法，客观上推动了《中庸》研究的前进，但却给《中庸》的意义和地位以极大的威胁。如果这部我们"口诵心惟"了上千年的"孔门传授心法"内部本身是不一致的，甚至是两个人或者多人所作，那么，带着神圣的敬意去读这部著作的孔门后学（包括你我），怎么可能循此书上达孔圣人的境界？恐怕不唯不能到达夫子的境界，更有可能走火入魔，陷入邪道。所以，杜维明先生对此有深刻的认识，他在《论儒学的宗教性》一书中说道："如果读者寻求的是一种逻辑性的构建的命题组成的线性展开的论证，则《中庸》的结构必定看起来是无可救药的混乱，从而诱使读者为了使这些材料对于分析头脑显得清楚明晰而按照一套预设的标准来重新组织文本。这种做法存在一种严重的危险，即以一种具有说服他人的合乎理性的名义，把某种外在的结构强加到《中庸》上面，从而导致各种误读。"杜维明的话发人深省，但他明白"一定程度的概括，尽管近乎强加，看起来还是难免的"。所以，如何在概括重构（开新）和探究原旨（返本）上"执其两端，用其中"，怕是需要谨慎对待的。

3. 先秦"中庸"思想溯源

"中庸"的提法是孔子的首创，但其思想却在孔子之前源远流长。孔子总结三代以迄商周的关于"中"的思想，提出"中庸"的概念，成为儒家思想的核心理念。宋明理学兴起，朱熹把它当成"道统"加以发扬，其在《中庸章句》序首段中讲得甚明："盖自上古圣神继天立极，而道统之传有自来矣。其见于经，则'允执厥中'者，尧之所以授舜也；'人心惟危，道心惟微，惟精惟一，允执厥中'者，舜之所以授禹也。尧之一言，至矣，尽矣！而舜复益之以三者，则所以明夫尧之一言，必如是而后可庶几也。"这其中"人心惟危"四句，被理学家定位"十六字心传"，成为理学家"存天理、灭人欲"的理论根基。清代，随着《古文尚书》的被证伪和理学的式微，源自《古文尚书·大禹谟》的"十六字心传"的地位也不免动摇。不过，由此带来的是，对于先秦"中"思想渊源的研究却活跃了起来。

历史学家罗祖基先生在论述"中庸"思想渊源时阐述过一个比较有意思的观点。他认为，"中庸"源于"中和"，"中和"原是两词。"中"在甲骨文和金文中作一竖示矢，一圈示的，像"以矢作正"之形。所以，"中"的理念始于制造弓箭并善射狩猎的东夷族，而舜不仅是东夷族人，更是商的祖先，所以，"允执厥中"、"用中于民"最早就是商狩猎文化的传统。到后来，汤"执中"，而"无偏无陂"、"不竞不求"、"不刚不柔"已经成为当时公认的殷商传统。而"和"字，以口傍禾，反映"和"来源于饮食。因为禾苗生长需要雨水和阳光，就要求晴雨适当，在这个基础之上，形成"一阴一阳"之道，就是"和"。所以，"和"来源于以耕稼著称的姬周，他们奉后稷为祖先，基于作物生长规律而最早认识到"和实生物",兼容并包的可贵。罗祖基认为,中始于商、和始于周,因而商克周后导致了东西两大民族的融合,也为"中和"的结合创造了条件。在这个创造过程中,周公开其先,孔子成其后。孔子提出仁和礼的结合,继承改造商周传统,糅合"中和"提出"中庸",奠定了儒家学派理论的基础。这种观点不失为先秦中庸思想溯源的一种有启发意义的见解。

最近,随着"清华简"的整理工作陆续展开,先秦中庸思想研究有了新进展。2009 年 4 月 13 日,李学勤先生在《光明日报》刊发《周文王遗言》一文,介绍了整理出来的第一篇文章《保训》。《保训》主要记载周文王对太子发讲了两件上古的史事传说,用这两种史事说明他要求太子遵行的一个思想观念——"中",也就是后来说的中道。第一件史事是关于舜的,讲的是舜怎样求取中道。由于舜出身民间,能够自我省察,不与百姓的愿求违背,他在朝廷内外施政,总是设身处地,从正反两面考虑,将事情做好。这于《中庸》里舜好问而好察迩言,执两用中的记载类似。第二件事是关于微的。微即上甲,是商汤的六世祖。微先"假中于河",再"归中于河",最后把中"传贻子孙,至于成汤",于是汤得有天下。李学勤先生认为,在商汤历代祖的传承中,"中"的观念起了重要作用,这是《保训》篇反复强调的。朱熹在《中庸章句》序言中提出"道统"的传承,看来,随着新材料的不断出现,若"道统",若"十六字心传",似乎也不是那么容易一概否定了。我们期待着更多新材料和新观点的出现。

五 "中庸"思想与当代社会

进入 20 世纪以来，儒家思想尤其是其核心"中庸"之道，一直遭受各种误解甚至指责，这种来源于不了解或者偏见的误解，对"中庸"思想着实不公。误解最多的，一是"中庸"就是"乡愿"，做好人，骑墙派；二是"中庸"等于保守，阻碍创新。

把"中庸"当"乡愿"，是指有人认为中庸就是无原则无立场的调和主义或"和稀泥"，充当"和事佬"。可真实情况是，孔子最崇尚"中庸"，最厌恶"乡愿"。孔子曾严厉地说过："乡愿，德之贼也。"孔子对这种人有过一番描述："非之无举也，刺之无刺也，同乎流俗，合乎污世，居之似忠信，行之似廉洁，众皆悦之，自以为是，而不可与入尧舜之道，故曰德之贼也。"用现在的说法，就是没有原则没有骨头的"老好人"。孔子认为这种人看似廉洁公正，但只是稍似其表，而内全无其实。真正的中庸之道，就像孔子对子路说的那样"君子和而不流，强哉矫！中立而不倚，强哉矫！国有道，不变塞焉，强哉矫！国无道，至死不变，强哉矫！"也就是说，中庸之君子必须确立道德信念和准则，不管外界如何变幻，永不偏离，永不放弃。就是刀在项上，泰山压顶，都要"至死不变"。这是何等伟大的人格操守！这是何等强大的精神力量！

孔子提倡"笃信好学，守死善道"，说"三军可夺帅，匹夫不可夺志"；曾子说"可以托六尺之孤，可以寄百里之命，临大节而不可夺也"；孟子说"富贵不能淫，贫贱不能移，威武不能屈"。可见，坚持"中立不倚"，时时刻刻依道而言，仗义而行，不调和，不妥协，恰是儒家一以贯之的优良传统。正是这样一种伦理观念和思维方式，使得中华民族才形成了一种中正、笃实、坚忍的民族性格和民族气质。至于要分别哪些是"乡愿"，哪些是中庸之君子，很简单，稍稍给点外部威胁或危险，就能让"乡愿"们乖乖脱下"老好人"的外衣，暴露其内心的软弱和空虚。

说"中庸"等于保守，阻碍创新，是有人认为，孔子自称"信而好古"、"好古，敏而求之"，作为孔子传人的孟子也是"言必称尧舜"。至今孔子的词条解释中，还总要拖一个尾巴，诸如"孔子希望恢复周朝的礼制，反映了他思想的保守性"云云。况且《中庸》中还提倡"既明且哲，以保其身"等等，这很容易让人联想到中国古代传统劝诫训诲格言中常常有"枪打出头鸟"之类的话。对于这个问题，需要仔细理解和鉴别。孔子"好古"没错，但孔子是抽象地继承古代的精神，如"郁郁乎文哉，吾从周"。而对于古代具体的东西，孔子都主张有所损益的继承。这一点，《中庸》已经讲得很明白，"生乎今之世，反（返）古之道，灾及其身者也"。对于礼制的选择，在《论语》中有个例子，子曰："麻冕，礼也；今也纯，俭，吾从众。拜下，礼也；今拜乎上，泰也。虽违众，吾从下。"从孔夫子对麻冕礼和拜下礼的选择来看，夫子决定的标准不是"先前的就是对的"，也不是"人多的就是对的"，孔子自己心中有一个"从容中道"，这就是孔子的"中庸"思想——无所谓创新，无所谓保守。正如孟子盛赞孔子所言"可以仕则仕，可以止则止，可以久则久，可以速则速"，是所谓"圣之时者"也。所以，把"中庸"说成是保守，实在无当。我们可以找出一千条儒家保守的例子来，同样也可以找出一千条儒家创新的例子来。但是简单地给"中庸"扣上保守或创新的帽子，而不是具体问题具体分析，则可谓谬矣。

正如王岳川先生所言"中庸是一种哲学本体论，之所以在一百年现代性中逐渐失效，大抵因为它生不逢时——现代社会'反中庸'"。"今天，中庸思想的意义正在显示出来，在反省现代之路的偏激和极端之后，人类才会迷途知返遵循中道中庸境界，而走向具有生态美学文化意义的'诗意地栖居'。人类的社会和平和心灵和谐才会真正成为现实。"

如今，我们国家正构建和谐小康社会，"和"成了国家主导的精神文明追求。正确认识"中庸"思想内涵，恰当运用"中庸"思维，对促进社会和谐发展，促进中华文化的大繁荣，具有重大的意义。

（北京师范大学教育学部　罗容海博士）

《论语》

　　《论语》是我国先秦时期一部重要的儒家经典，以记载孔子及其弟子言行为主。两千多年来，《论语》和其中所记载的孔子，作为中国传统思想文化的重要根源，其价值直至今日仍历久弥新。

《论语》与孔子

　　提到《论语》，首先不得不提的就是孔子。孔子，名丘，字仲尼，儒家学派的创始人，春秋时期鲁国陬邑（今山东曲阜东南）人。《史记·孔子世家》记其生于鲁襄公二十二年，即公元前551年（《公羊传》和《穀梁传》认为孔子生于鲁襄公二十一年）。孔子的远祖是宋国贵族，殷王室的后裔。他早年丧父，家境衰落，年轻时曾做过"委吏"（管理仓廪）与"乘田"（管放牧牛羊），用他自己的话说就是："吾少也贱，故多能鄙事"，这说明了他所处的一个生长环境。虽然生活贫苦，孔子15岁即"志于学"，善于取法他人，学无常师，勤奋不倦，博习诗书礼乐。其"三十而立"，在曲阜城北设学舍，开始私人讲学。曾点、子路、伯牛、冉有、子贡、颜渊等，是孔子较早的一批弟子。私学的创设，打破了"学在官府"的传统，进一步促进了学术文化的下移。孔子 50 岁后任鲁国中都宰，继又升司寇，但因政治抱负难以施展，不久去职，率弟子周游宋、卫、陈、蔡、齐、楚等国。志欲改良时政，然终不见用。在外 14 年，68 岁方重返鲁国，政治上仍不得志，便专心从事讲学和文献整理，直到逝世。孔子生活的时代，是一个经历着巨大变动的时代，经济、政治、思想、文化等各领域都发生了新的变化。自平王东迁，王权式微，分封制和宗法制日渐松散，公田制解体，土地私有化，人从有依靠的群体里散到社会上，潜力也被充分地发挥出来。政治方面政权逐层下移，诸侯以及诸侯的权臣大夫之间竞争日益激烈，各自大力招揽人才，改革政治经济制度，又更进一步推动了社会的变动，冲击了旧有体制。这样的社会局面客观上也为思想文化对传统的突破提供了动力和目标。孔子不满当时混乱动荡的局面，以为是"天下无道"，一生致力于变"天下无道"为"天下有道"。孔子的思想多记载在后世弟子所编纂的《论语》中，体现了他在政治、教育、文化、哲学、伦理以及经济等诸多方面的思想，对儒家的建立和发展作出了开创性的巨大贡献。他在晚年，对古代典籍文献作了许多搜集和整理工作，整理了《诗》、《书》、《礼》、《乐》，删修了《春秋》，在继承了殷周以来文化资源的基础上，对其进行新的改进和规范。孔子还广招门徒，把自己的思想传授给学生。孔子死后，儒分为八。他的学生，有的出仕做官，有的招徒设教，对当时和后代产生了很大影响。到战国时期，儒学已经成为显学。后来经过秦始皇的焚书坑儒，到汉武帝的罢黜百家、独尊儒术，儒家思想成了以后两千多年封建社会的统治思想。在中国古代学术思想史上，孔子是一个承前启后的重要人物，对于中国后世社会的发展有着极为深远的影响。对孔子生平和思想进行研究，文献材料是必不可少的，而其中最为重要的，无疑是《论语》一书。《论语》中记载了孔子及其弟子的言语行事，涉及方面甚广，相较其他经典更能全面而直接地反映孔子的思想，成为后人研究孔子和儒家思想的重要文本。

 ## 《论语》的成书与版本

"论语"一名，当在先秦时期就已出现，最早可见于《礼记·坊记》。至于"论语"一词的具体含义，有几种不同的看法。最具代表性的是班固《汉书·艺文志》中的说法："《论语》者，孔子应答弟子时人及弟子相与言而接闻于夫子之语也。当时弟子各有所记。夫子既卒，门人相与辑而论纂，故谓之《论语》。"陆德明在《经典释文》中引而申之，认为论为论撰，语为论撰所记之语，故名其书为《论语》。所以"论语"一词的意思，就是经过编纂的语录。

《论语》以记言为主，而它最初成书状况又如何呢？《论语》非孔子本人所亲定，此今已为学术界所共认。至于其由谁编纂，历代学者则说法众多，主要可分为以下四种。

第一种观点认为出于众弟子之手。如《汉书·艺文志》云："当时弟子各有所记。夫子既卒，门人相与辑而论纂。"东汉经学家赵岐《孟子题辞》云："七十子之畴，会集夫子所言，以为《论语》。"魏宋均注的《论语崇爵谶》云："子夏六十四人共撰仲尼微言。"此种观点强调参加纂辑《论语》者的广泛性。其缺点是未谈再传弟子的作用，故很难解释《论语》中年轻且长寿的曾子临死时的言行。

第二种观点认为《论语》是由个别弟子纂辑。据宋翔凤辑录的郑玄《论语序》云："仲弓、子游、子夏等撰。"宋陆九渊《象山语录》云："郑康成、王肃谓《论语》为子游、子夏所编，亦有可考者。"清刘宝楠《论语正义》曰："《论语》之作，不出一人，故语多重见，而编辑成书，则由仲弓、子游、子夏，首先商定。"此说法强调少数人的作用是可以的，但忽视众弟子的贡献，也是不全面的，况且也未提到再传弟子的作用。

第三种观点认为由再传弟子纂辑。唐柳宗元《论语辨》云："且是书（《论语》）载弟子必以字，独曾子、有子不然。"又云："今所记独曾子最后死，余是以知之，盖乐正子春、子思之徒与为之尔。"梁皇侃《论语通》说："《论语》者，是孔子殁后七十弟子之门人共所撰录也。"朱熹在《论语集注序说》引程颐云："《论语》之书，成于有子、曾子之门人，故此书独二子以子称。"此种观点所引失之片面，且与《汉书·艺文志》所记不符。

第四种观点认为是由孔门弟子及再传弟子纂辑。钱穆《论语要略》说："大抵《论语》所记，自应有一部分为孔子弟子当时亲手所记录者；而全书之纂辑增订，则出于七十子之门人耳。"钱穆的说法比较客观，尚有可取，但全书的纂辑及增订都说成是再传弟子的作用，也不够实际。

通过对《论语》一书中记载的分析可知，《论语》的纂辑和成书，是一个长期的过程，并非成于一人之手，也无法明确说出是谁或具体哪些人所撰。大体上应是孔子弟子首先记其言而纂之，又经过再传弟子的不断增订而逐渐形成的。

《论语》在初步成书之后，曾经历了几次重大的变动。首先是秦始皇的焚书坑儒，世间所藏《论语》几乎毁之殆尽，故王充说："汉兴失亡。"当时传授生徒要靠口头讲述，于是出现了《鲁论》和《齐论》不同的内容。后来又从孔子宅壁中发现了《古论》，这样在西汉时期就有三《论》并行于世。《鲁论》20篇，因是鲁人传授之学，故谓之《鲁论》。是现行《论语》编次所据之本。《齐论》22篇，比《鲁论》多《问王》、《知道》两篇，其他20篇的章句内容也比《鲁论》多，所谈多玄学。《古论》21篇，没有《齐论》中的《问王》和《知道》两篇，比《鲁论》多一篇。这一篇是《尧曰》"子张问"以下的半篇，名曰《从政》，编次亦不与《鲁论》、《齐论》相同。此后《论语》第一次大改订是在西汉末年，出于张禹之手。禹字子文，河内积（今河南济源县）人。先从夏侯建学《鲁论》，后来又从王吉、庸生学《齐论》，元帝诏禹授太子《论语》，成帝即位，尊以师礼，封为安昌侯。张禹初授《鲁论》，晚年讲《齐论》，后来将《鲁论》、《齐论》、《古论》三论作了一番考订，删去《齐论》中的《问王》、《知道》两篇，从《鲁论》20篇为定，名之曰《张侯论》。到了东汉，有包咸、周氏（佚名）为《张侯论》分章析句，加以解说，官府把它列于学官，后学者莫不从张论。当时有一种说法，"欲为论，念张文"。可见《张侯论》在当时影响之大了。从此以后，三《论》不再得传。它们的原来面貌如何已经很难知道了。《论语》的第二次改订是在东汉，出于经学家郑玄之手。《隋书·经籍志》云："郑玄以《张侯论》为本，参考《齐论》、《古论》而为之注。"这次改订本即是现行《论语》的来源。郑玄在作注时，采用张禹改订的《鲁论》，因其中杂有《齐论》，而《鲁论》已非西汉初年的原本，在注中又掺有《齐论》、《古论》二论的原文，注与引文也未加区别，致使后人无从考证，在这一点上不能不是郑玄的过失。在《论语》学史上，郑玄《论语注》完成了对《论语》文本的再次整合，使汉代以来的《论语》定本工作至此画上了一个圆满的句号。随着郑注的盛行，其他《论语》版本均告衰微。

三. 《论语》的注释与真伪

《论语》自汉代以来，注释众多。汉朝人所注《论语》，除郑玄注至今尚有残存，其他如孔安国、马融、包咸、何休等注均已亡佚，现多半只见于何晏《论语集解》之中。郑玄《论语注》，《隋书·经籍志》著录为十卷，至宋已亡佚，现在看到的版本主要为唐敦煌残卷和一些辑佚本。魏晋南北朝之际，《论语》注释者亦甚多，但到了《宋史·艺文志》就只剩下何晏《论语集解》和皇侃的《论语义疏》了，其他亦亡佚了。《论语集解》可说是集汉代儒家学说之大成者，问世后，南朝梁皇侃为之作《义疏》，唐代陆德明作《音义》，宋代邢昺作《疏》，朱熹作《注》，清代阮元为之"校勘"，并刻入《重刊宋本十三经注疏》中。此书由何晏等人合解，筹集有孔安国、包咸、周氏、马融、郑玄、陈群、王肃、周生烈等八人之说，取其善者而为之注，有不妥者则下以己意，所录诸家之说，皆标出"包曰"、"马曰"等等。凡自己的意见，都放在诸家之后，只书一"曰"字，以示区别。《论语义疏》，全称《论语集解义疏》，十卷，南朝梁皇侃撰。皇侃为《论语》作义疏，以何晏《集解》为主，兼采老庄玄学，以阐发经义，成为当时《论语》的主要经注之一。隋唐时期，统治者垄断了经典话语的解释权，撰定《五经正义》，依此考试，成为官方经学课本。马宗霍在《中国经学史》中评论道："自《五经定本》出，而后经籍无异文；自《五经正义》出，而后经义无异说。"所以此段时期注释《论语》者较少，但其中如陆德明的《音义》和韩愈的《论语笔解》等仍有一定的成就。至宋元明，理学得到极大发展，此间《论

45

语》注释亦脱不开其痕迹，其中以邢昺的《论语注疏》和朱熹的《论语集注》最具代表性。邢昺于宋真宗咸平二年（公元 999 年）奉诏改定皇侃《论语义疏》，颁于学官。邢昺大抵删去皇侃《论语义疏》中的枝蔓部分，增入诸儒学家言，并附以义理，详于章句训诂名物。《四库全书总目提要》曰："其文与皇侃所载亦异同不一，大抵互有长短。"朱熹的《论语集注》不废古注，对于汉人古注，除参据之外，还偶加补正。对何晏《论语集解》诸家之说多援以为据，时有采纳。《论语集注》采宋人之说较多，在注释中大量引用了二程、程门弟子以及其他理学家的说法，并加以己说。对于复杂而有争议的问题则存异说以供读者参考。对不同注家的异说及经文异文往往并存之，不一意删削。《论语集注》的内容包括注音、训诂、考据，训解力求简明通俗，考据史实较为确凿。义理分析是朱注之长，不过有的切合原意，有的不免有借题发挥、附会牵强之嫌。当然这种情况并不多见，不能以此抹杀朱熹在义理分析方面取得的巨大成绩。《论语集注》吸取各家之长而不专主一说，考辨、义理并重的思想方法，使他成为宋代《论语》注释的集大成者，对后世产生了很大的影响。清代是《论语》注释的鼎盛时期，著述之宏富，为前代所未有，又多具特色，如毛奇龄的《论语稽求篇》四卷，专来攻驳朱熹的《集注》；崔述的《论语余说》首次提出《论语》的真伪问题。而这其中又以刘宝楠的《论语正义》最具价值。《论语正义》二十四卷，以何晏《集解》为主，考据义理并重，兼采汉儒、宋人及近世诸家之长，对清代学者关于《论语》的考释亦加以汇编，克服了皇、邢注疏杂芜粗陋之弊。为学不立门户，唯主实事，为《论语》研究作出了很大贡献。从古至今，关于《论语》注释的著作可谓汗牛充栋，民国时期程树德的《论语集释》征引书籍 680 种，亦未免仍有疏漏之处，可见历代著述之繁复。

　　《论语》是研究孔子和儒家较为可信的一部书，然由于《论语》既非成于一时，又非成于一人之手，其真伪也不乏可疑之处。现存《论语》一书共有 20 篇，各取每篇首章第一句中的两三字为题，并无实际意义。前十篇称为《上论》，后十篇称为《下论》。《上论》前九篇皆记言，第十篇《乡党》则以记孔子日常生活为主，在全书中体例和内容都最为特别。《下论》内容较《上论》更为驳杂，有人便对此提出质疑，这之中以崔述的研究最具代表性。他的《洙泗考信录》和《论语余说》用考究授受源流等方式，论定《论语》一书有"窜乱"，有"续附"，《论语》编订初始，各篇不出于一人之手，而是"各不相谋"，其后才汇为一本，又有"采自他书以足成之者"。崔述的根据主要是前十篇与后十篇文体上有所不同，认为尤以最后五篇为不足信，皆后人之所续入，其中义理事实之可疑者盖亦有之。此说一出，后学纷纷袭用，梁启超《古书真伪及其年代》、《要籍解题及其读法》，钱穆《论语要略》等皆采此说，这样的观点成了后来学界对《论语》一书的主流看法。崔述的研究还影响到国外，受到外国学者的推崇，如美国学者顾立雅（Creel）在

《孔子与中国之道》（*Confucius and the Chinese Way*）的附录里就说："正如有人所主张的，现存《论语》中的前十章是原书，接下来的五章是后来某个时候增补的。大抵可以肯定崔述的假定是正确的，这就是，十六到二十章是更晚些的增补。"程钢在《西方学者的先秦思想史研究》中提到："受疑古思潮的影响，英国的汉学家韦利坚持认为《论语》一书二十章，只有第三至第九章是可靠的，其余各篇均系后人所加。这一疑古考证已经成为西方汉学的经典著作，至今仍有较大的影响。有一对学者夫妇——布鲁克斯夫妇（白牧之、白妙子）……只相信第四章的前二十节是可靠的，其余都是孔子的学生们在 240 年的时间内逐步加上的。"还有一种观点认为刘歆曾经增窜《论语》。崔适、康有为、钱玄同等都持这种看法，把古文《论语》说成是刘歆伪造的，把他们看来今本《论语》中有疑问的地方全部归罪于刘歆的增窜。然而新出土的材料以及文献的比较研究证明了这些疑古过甚的偏颇。定州汉墓竹简《论语》的出土表明了论语的篇章结构最迟在汉初就已经基本固定。而至于《论语》中孔子称谓、文体以及史实的不一致，有些可能是在传抄中形成的，并不能作为证据。就目前的材料和研究状况来看，《论语》是一部较为可信的记载孔子及其弟子言行的书。

四　《论语》的主要思想

《论语》首创语录之体。汉语文章的典范性也发源于此。作为一部优秀的语录体散文集，它以言简意赅、含蓄隽永的语言，记述了孔子的言论。《论语》中所记孔子循循善诱的教诲之言，或简单应答，点到即止；或启发论辩，侃侃而谈；富于变化，娓娓动听。《论语》一书比较忠实地记述了孔子及其弟子的言行，也比较集中地反映了孔子的思想。关于《论语》中的主要思想，主要可以分为以下几个方面。

1. 关于如何做人的思想及其价值

其一，做人要正直磊落。孔子认为："人之生也直，罔之生也幸而免。"（《雍也》）在孔子看来，一个人要正直，只有正直才能光明磊落。然而我们的生活中不正直的人也能生存，但那只是靠侥幸而避免了灾祸。按事物发展的逻辑推理，这种靠侥幸避免灾祸的人迟早要摔跟头。

其二，做人要重视"仁"。这是孔子在做人问题上强调最多的问题之一。在孔子看来，仁是做人的根本，是处于第一位的。孔子说："弟子入则孝，出则弟，谨而信，泛爱众，而亲仁。行有余力，则以学文。"（《学而》）又曰："人而不仁，如礼何？人而不仁，如乐何？"（《八佾》）这说明只有在仁的基础上做学问、学礼乐才有意义。孔子还认为，只有仁人才能无私地对待别人，才能得到人们的称颂。子曰："唯仁者能好人，能恶人。"（《里仁》）

那么怎样才能算仁呢？颜渊问仁，子曰："克己复礼为仁。一日克己复礼，天下归仁焉。"（《颜渊》）也就是说，只有克制自己，让言行符合礼就是仁了。可见"仁"不是先天就有的，而是后天"修身"、"克己"的结果。当然孔子还提出仁的外在标准，这就是"刚、毅、木、讷近仁。"（《子路》）即刚强、果断、质朴、语言谦虚的人接近于仁。同时他还提出实践仁的五项标准，即"恭、宽、信、敏、惠"（《阳货》）。他说，对人恭谨就不会招致侮辱，待人宽厚就会得到大家拥护，交往信实别人就会信任，做事勤敏就会取得成功，给人慈惠就能够很好领导民众。孔子说能实行这五种美德者，就可算是仁了。

当然，在孔子看来要想完全达到仁是极不容易的。所以他教人追求仁的方法，那就是"博学于文，约之以礼，亦可以弗畔矣夫！"（《颜渊》）即广泛地学习文化典籍，用礼约束自己的行为，这样就可以不背离正道了。同时也要重视仁的外推，即"己欲立而立人，己欲达而达人，能近取譬，可谓仁之方也已。"（《雍也》）

其三，做人要重视修养的全面发展。曾子曰："吾日三省吾身：为人谋而不忠乎？与朋友交而不信乎？传不习乎？"（《学而》）在此基础上，孔子强调做人还要重视全面发展。子曰："志于道，据于德，依于仁，游于艺。"（《述而》）那么孔子为什么强调做人要全面发展呢？这里体现了孔子对人的社会性的认识，以及个人修养的相互制约作用，他说："举于诗，立于礼，成于乐。"（《泰伯》）所以，对于个人修养来说，全面发展显得极为重要。

2. 关于君子人格的塑造

《论语》许多篇幅谈及君子，但这里的君子是一个广义概念，重在强调一种人格的追求，教人做一个不同于平凡的人。为实现这一目的，《论语》提出了君子的言行标准及道德修养要求。

其一，"君子不器"。孔子认为作为君子必须具备多种才能，不能只像器具一样，而应"义以为质，礼以行之，孙以出之，信以成之"（《卫灵公》）。

其二，君子要重视自我修养。孔子曰："富与贵，是人之所欲也，不以其道得之，不处也。贫与贱，是人之所恶也，不以其道得之，不去也。君子去仁，恶乎成名？君子无终食之间违仁，造次必于是，颠沛必于是。"（《里仁》）在孔子看来，作为君子就必须重视仁德修养，不论在任何条件下，都不能离开仁德。同时，孔子还认为"君子泰而不骄"（《子路》）；"君子矜而不争，群而不党"（《卫灵公》）；"君子病无能焉，不病人亡不已知也。""君子疾得世而名不称焉。""君子求诸己，小人求诸人。"（《卫灵公》）只有这样才能称得上君子的修养。

其三，君子要处处严格要求自己。孔子认为，君子除了自我修养，还要重视用"戒、畏、思"几项标准严格要求自己。孔子曰："君子有三戒：少之时，血气未定，戒之在色；及其壮也，血气方刚，戒之在斗；及其老也，血气既衰，戒之在得。""君子有三畏：畏天命，畏大人，畏圣人之言。""君子有九思：视思明，听思聪，色思温，貌思恭，言思忠，事思敬，疑思问，忿思难，见得思义。"（《季氏》）这些思想从不同角度提出了对君子的要求。

其四，君子要重义避利，追求道义。孔子认为，君子和小人之间的差别还在于具有不同的生活态度和不同的人生追求。他认为，"君子喻于义，小人喻于利"（《里仁》）。"君子谋道不谋食。""君子忧道不忧贫。"（《卫灵公》）"君子怀德，小人怀土；君子怀刑，小人怀惠。"（《里仁》）同时，孔子还认为，君子必须言行一致，表里如一，即所谓："君子欲讷于言，而敏于行。"（《里仁》）"先行其言而后从之。"（《为政》）

其五，君子不党。孔子认为，君子之间的交往应该做到"周而不比"；《论语·为政》："子曰：君子周而不比，小人比而不周。"同时还要"和而不同"；《论语·子路》："君子和而不同，小人同而不和。"不是简单的相加，而是一种和谐的共生关系。

3. 关于学习的态度、方法和目的

《论语》中关于学习的思想在古今中外的教育史上具有重要的地位，值得今人借鉴。这些思想概括起来主要有以下几点。

其一，关于学习的态度。孔子认为，"知之者不如好之者，好之者不如乐之者"（《雍也》）。要"默而识之，学而不厌"（《述而》）。专心致志，知难而进。孔子曰："士志于道，而耻恶衣恶食者，未足与议也。"（《里仁》）同时，他还认为追求学问是一个艰难的过程，要敢于知难而进，"力不足者，中道而废，今女画"（《雍也》）。针对冉求在学习问题上认为自己能力不够的思想，孔子认为所谓能力不够的人，是走在中途就停止下来，你现在以能力不够画地自限，实际上

是没有坚持到底的缘故。在这里孔子勉励冉求要知难而进，只有这样才能得道。事实上孔子自己就是"发愤忘食，乐以忘忧，不知老之将至"的人（《述而》）。要虚心求教，不耻下问。孔子曰："三人行，必有我师焉。择其善者而从之，其不善者而改之。"（《述而》）这说明学无常师，作为人应随时随地注意向他人学习，取人之长，补己之短。同时，孔子提倡和赞扬"敏而好学，不耻下问"的学习精神，"见贤思齐焉，见不贤而内自省也"（《里仁》）。体现了孔子严谨的治学态度。

其二，关于学习的方法。孔子在和弟子的交谈中多处提及学习方法问题，最著名的莫过于"学而时习之，不亦说乎"（《学而》）。"温故而知新，可以为师矣。"（《为政》）与此同时，孔子还特别强调学思结合，勇于实践。他说："学而不思则罔，思而不学则殆。"（《为政》）要求人们把学习积累和钻研思考相结合，不能偏废。另外，孔子还非常重视精益求精，"如切如磋，如琢如磨"，反对一知半解，浅尝辄止。

其三，关于学习的内容。孔子主张学习要博，要广，不能偏颇、单一。他提出要用四种东西作为自己的学习纲要，这就是"文、行、忠、信"（《述而》）。孔子在重视博学的同时，也强调学习要抓根本的东西，孔子曰："赐也，女以予为多学而识之者与？"对曰："然，非与？"曰："非也，予一以贯之。"这里孔子在回答子贡的问题时，说明自己的"多学"是相对的，在多学的基础上，我是用一个道理来贯穿自己的学说的，这里孔子间接地说明了博与精的关系，值得借鉴。

其四，关于学习的目的。孔子认为，学习必须有明确的目的，但重点在于"学以致用"。子曰："诵《诗》三百，授之以政，不达；使于四方，不能专对；虽多，亦奚以为？"（《子路》）也就是说，熟读《诗经》三百篇，交给他政治任务，却办不成；派他出使到外国，又不能独立做主应对；这样，虽然书读得很多，又有什么用处呢？又说："德之不修，学之不讲，闻义不能徙，不善不能改，是吾忧也。"（《述而》）理论和实际不能结合，这才是孔子忧虑的。由此可见，读书的目的，不在于死记书本，而在于应用，在于实践，在于"举一反三"地灵活运用知识。关于这一思想，在孔子的学生子夏的思想中也表现出来。子夏曰："仕而优则学，学而优则仕。"（《子路》）这一思想实质上也体现了学与用的关系，要想当好官必须学习，学习的目的应是更好地当官，体现了学习与应用的关系，也体现了孔子办私学的目的，即通过教育培养德才兼备的人才，让他们直接登上政治舞台或做教师培养政治人才，当然在孔子看来，学习的目的也在于对道义、真理的追求，"士志于道"，"朝闻道，夕死可矣"（《里仁》）。

4.《论语》书中的教育思想

孔子作为我国古代著名的教育家，一生从事教育工作，教出了许多有才干的学生，在教育实践中取得了丰富经验，《论语》一书对此有较多的概括。

其一，关于教育指导思想。孔子主张"有教无类"

（《卫灵公》），这一思想打破了教育的等级界限，扩大了教育对象，使教育扩及于广大平民，这在当时无疑具有重大的进步意义。

其二，关于教育的基本方法。孔子主张"因材施教"，子曰："中人以上，可以语上也；中人以下，不可以语上也。"为贯彻这一思想，孔子很注意对自己学生的观察了解，诸如"由也果"、"赐也达"、"求也艺"（《雍也》），在此基础上采取不同的教育方法，比如冉求办事畏怯，所以要鼓励他；子路胆大过人，自以为是，所以要故意抑制他。即"求也退，故进之；由也兼人，故退之"（《先进》）。孔子还重视诱导式的启发教育，不要求学生死读书，而贵在触类旁通，即所谓"告诸往而知来者"（《学而》）。孔子特别强调"不愤不启，不悱不发，举一隅不以三隅反，则不复也"（《述而》）。孔子还强调在实行启发诱导的基础上，必须注意循序渐进，即"夫子循循然善诱人，博我以文，约我以礼，欲罢不能，既竭吾才，如有所立卓尔。虽欲从之，末由也已！"（《子罕》）这种使学生竭力钻研，"欲罢不能"的情状，正是对循循善诱启发教育的写照。

其三，关于教育的基本内容。孔子长期从事教育工作，教育的内容十分广泛，但他所用的教材多是沿用周代贵族学校所用的六艺，即诗、书、礼、乐、易、春秋。那么，在这些教学内容中孔子最为重视的是什么呢？从《论语》的许多思想中可以看出，《诗》、《礼》是孔子教学的主要课程。子曰："不学《诗》，无以言。"（《季氏》）"诵《诗》三百，授之以政。"（《子路》） "《诗》三百，一言以蔽之，曰'思无邪'。"（《为政》）又曰："夏礼，吾能言之，杞不足征也；殷礼，吾能言之，宋不足征也。文献不足故也。足，则吾能征之矣。"（《八佾》）"殷因于夏礼，所损益，可知也；周因于殷礼，所损益，可知也。"（《为政》）这些思想说明，孔子不仅重视《诗》、《礼》的教育，而且重视这些内容的总结挖掘与研究，它对中国古代教育内容的丰富和完善起到了重要的促进作用。

其四，关于教育的培养目标。在孔子看来，进行教育的目的除了用仁义礼净化人们的灵魂，协调人们的社会行为之外，其重要目的在于培养具有仁义之心的"仕"、"君子"，以为当时的社会服务，这就是他著名的"学而优则仕"思想（《子张》）。正因如此，当季康子问他的弟子仲由、子贡、冉求能否"从政"的时候，孔子满口答应可以"从政"（《雍也》）。事实上，在孔子七十有二的得意门生中，从政者为数不少，孔子自身也不反对参政。这说明孔子的教育思想及培养目标与当时的社会需要是相统一的，体现了教育的社会价值。

5. 关于为政的思想及其价值

《论语》中关于为政的思想是"学以致用"思想的具体体现，对此，《论语》中对为政的标准也作了具体说明。

其一，关于为政的对象。孔子认为只要懂礼、有道、正直，并具备一定的从政才能的人就可以务政。

季康子问："仲由可使从政也与？"孔子曰："由也果，于从政乎何有？"问："赐也可使从政也与？"曰："赐也达，于从政乎何有？"问："求也可使从政也与？"曰："求也艺，于从政乎何有？"

其二，关于为政的基本要求和标准。从政者必须勤勉忠诚。孔子曰："居之无倦，行之以忠。"（《颜渊》）"先之劳之"，"无倦"（《子路》）。也就是说在位不松弛懈怠，执行政令要忠心，要带头、勤勉，办事不要松懈。从政者必须温良恭俭让。而这五种美德也间接地说明参与国政的道理。

其三，要言行一致，举止端庄。孔子曰："言忠信，行笃敬，虽蛮貊之邦，行矣。言不忠信，行不笃敬，虽州里，行乎哉？立则见其参于前也，在舆则见其倚于衡也，夫然后行。"（《卫灵公》）

其四，要眼光远大，依次而进。子夏当了莒父的县长，向孔子请教怎样理政。孔子说："无欲速，无见小利。欲速则不达，见小利则大事不成。"（《子路》）另外，孔子还认为在处理政务时应当慎重，要深入实际，多听多见，了解实情，以免犯错误。即所谓"多闻阙疑，慎言其余，则寡尤；多见阙殆，慎行其余，则寡悔。言寡尤，行寡悔，禄在其中矣"（《为政》）。

作为两千多年前的著名思想家、教育家，孔子和我们今人有许多共同之处，其中的许多思想依然可以作为我们当代人精神的楷模。当然孔子是人不是神，孔子也有自己的历史局限性，这是不可否认

57

的客观事实。研究孔子重在吸收孔子思想精华，带着自己的思考去读《论语》，而不是简单地全盘否定或肯定。

（北京师范大学历史学院　骆扬博士）

《孟子》

 孟子其人其书

1. 孟子

孟子，生于公元前 372 年，卒于公元前 289 年，战国时期鲁国邹人，也就是今天的山东省邹城市凫村人。孟子是儒家学派的奠基者，被称为亚圣，他与孔子被后人合称为"孔孟"。

孟子 3 岁的时候便失去了父亲，由孟母仉氏一人抚养长大。孟母在孟子的教育上下了很多的工夫。孟子小的时候住在邹县城北的一个村子里，离村子不远的地方有一块墓地，每逢有丧事，出殡的人群便经过孟子的家门口，年幼的孟子便模仿着众人出殡的样子，孟母看见了便觉得这样对孟子的成长很是不利，于是举家搬迁。但是搬到新的住处后，孟子跟小伙伴模仿起了商人经营和杀猪宰羊的事情，于是孟母再次搬家，将家搬到了县城南边的"子思书院"，书院的琅琅读书声深深吸引了孟子，孟母见状十分高兴，于是将孟子送进了书院学习。这便是刘向《列女传·母仪》篇所载"孟母三迁"的故事。此外,《列女传》还记载了"断机教子"的故事。有一次,年幼的孟子对读书不感兴趣了,于是就跑回家里去,当时孟子的母亲正在织布,听孟子把情况一说,孟母十分生气,于是拿起刀便把织的布全部砍断了,孟子十分不理解母亲的行为,于是便问为什么要把织的布全部砍断呢?孟母语重心长地说:"子之废学,若吾断斯织也!"织布是自己一针一梭地完成的,十分不容易,现在把它砍断就像是读书一下子不读了一样,半途而废不会有收获的,孟子听了母亲的话顿时便明白了读书要持之以恒,三天打鱼两天晒网是不会取得好成绩的,于是便又回到了学校里继续读书。《韩诗外传》还记载了孟母"杀猪取信"的故事,原文为:"孟子少时,东家杀豚,孟子问其母曰:'东家杀豚何为?'母曰:'欲啖汝。'其母自悔而言,曰:'吾怀娠是子,席不正不坐;割不正不食,胎之教也。今适有知而欺之,是教之不信也。'乃买东家豚肉以食之,明不欺也。"故事的大意是孟子年少的时候,看到邻居杀猪,于是便好奇地问母亲邻居家杀猪干什么呀?母亲开玩笑地说为了让你吃猪肉呀。说完这些话后孟母十分懊悔,于是便去邻居家买了猪肉给孟子吃。孟母之所以这么做主要是为了塑造孟子诚信的品格。

孟子十几岁的时候拜在孔子孙子子思的后人门下,学习儒家思想。他勤奋好学,终成巨儒。关于孟子究竟是谁的学生,人们争论很多,有的干脆说孟子就是子思的学生,这种说法以班固为代表,他在《汉书·

艺文志》中记载："《孟子》十一篇，名轲，邹人，子思弟子。"这种说法站不住脚，因为从时代上来推论，孟子要比子思晚许多年，在孟子出生之前子思便去世了。司马迁则说："孟轲，邹人也，受业子思之门人。"这种说法无论从年代上来推论，还是从思想来源上来判断都是成立的。孟子思想来源于子思，这是不争的事实，所以孟子应该就是子思后人的弟子，是儒家在战国时期的重要代表人物。

作为儒家学派的奠基者，为了宣扬儒家学说，也模仿孔子周游列国的方式，带领门徒在各国间穿梭往来。儒家讲究"学而优则仕"，在孟子看来，学了满腹经纶就是要应用于社会中的，所以他是积极主张入仕的，要在治国上有所建树。孟子是邹国人，于是孟子从政的第一站便选择在了邹国。但是性情耿直的孟子并不适应邹国的政治大环境，他从政不久便遇到邹国和鲁国的战争，在一次征战中，官员死伤数十人，但是老百姓却没有一个人帮忙的，邹穆公见此状十分生气，便去问孟子这究竟是怎么回事，孟子也毫不客气地批评邹穆公平时不爱护老百姓，所以到了战争的时候老百姓就不肯为他卖命了。听了这话邹穆公老羞成怒，于是在邹国，孟子便被边缘化了。政治抱负得不到实现的孟子遂选择了游仕。

孟子游仕的第一站是齐国，此时的齐国由齐威王掌权，著名的"稷下学宫"此时正处于如火如荼的兴盛时期，但是不巧的是在这里孟子又一次受到了冷遇，可能是因为此时他的政治主张并不适合齐国的实际情

《孟子》

况吧，而比受冷遇更糟糕的是这时候孟母去世了，孟子便匆匆回到邹国，安葬了母亲，并为母亲守了三年丧后又回到了齐国，但是不久便因郁郁不得志而于公元前 324 年离开了齐国。离开齐国后，孟子去了宋国，但是宋国君王身边善人不多，孟子的治国之道没有用武之地，带着失望情绪的孟子离开了宋国回到了家乡邹国，此间他还在薛国待了一些时日，回到邹国后恰逢滕定公去世，其子滕文公听从了孟子的建议，为父王守孝三年，滕文公是为数不多听从了孟子话的君主，后又去鲁游滕，但是其治国理念始终得不到君王们的采纳。后来，孟子率众弟子再次游仕于齐国，与第一次仕齐不同的是此时的孟子已经很有名气了，已经是"后车数十乘，从者数百人"的名师了，这一次游齐是他人生中比较重要的一次，这一次在齐国待了好些年，《孟子》一书中有许多关于此次游仕的记载，这一次他得到了应有的尊重，但是他的治国理想只是理想而已，最后孟子只能带着些许遗憾回到了久别的家乡，从此再也没有巡游他国。孟子周游列国有一点与孔子十分相似，那就是他的思想并不为列国掌权者所接受，治国之道始终不能用于实践，但是，孟子并不想让自己的思想随棺入土，于是便退隐山河，与弟子著书以明志，终成千古名卷《孟子》。公元前 289 年，孟子与世长辞，终年 84 岁，直到辞世前不久，他还一直忙于著述。

2. 《孟子》

《孟子》是记载孟子及其弟子言行的书。对于《孟子》一书的作者究竟是谁，自古以来就有不同的说法。东汉人赵岐在《孟子题辞》中记载："此书，孟子之所作也，故总谓之《孟子》。"赵岐认为《孟子》一书是孟子本人的作品，它是孟子隐退后记载自己言行思想的著述。对此，宋代著名的理学家朱熹也深表赞同。不过也有学者对此提出了质疑，西汉著名史学家司马迁便是典型代表。司马迁在纪传体通史《史记》中认为，《孟子》应该是孟子和其徒弟公孙丑、万章等一起创作完成的。西汉上距战国时期不过数百年，先秦时期的许多文献材料还存于世，司马迁是能够看到这些材料的，所以司马迁的看法还是值得相信的。此外，亦有学者认为，《孟子》一书的著成并没有孟子任何的功绩，在孟子有生之年并没有《孟子》一书，只是到了孟子作古以后，才经孟子的门徒整理成《孟子》一书。真理的烟幕渐渐弥散在浩瀚的历史长河中，历史真相究竟是什么，现在已经很难得知，只能留于后人做进一步的探讨。但是，我们相信《孟子》的作者应是孟子以及他的弟子们，《孟子》一书所载的孟子及其弟子的言行和思想是无法抹杀的，我们从中不仅能窥见其精妙的思想精华，而且还可以在精言妙语中感悟到先秦哲人的伟大人格魅力。

《孟子》的篇章内容与思想

1. 篇章内容

东汉赵岐在《孟子章句》一书中把《孟子》一书

分为上下两卷，每一卷又包括七篇，分别是：《梁惠王》（上、下），《公孙丑》（上、下），《滕文公》（上、下），《离娄》（上、下），《万章》（上、下），《告子》（上、下），《尽心》（上、下）。《孟子》每一篇的篇名与《论语》相类似，都是采用每一篇开头的几个重要的字来命名的，下面对每一章节的具体内容做一介绍。

（1）《梁惠王》上。

这一段共记录了七段对话，其中有五段是与梁惠王的对话。孟子于公元前 320 年从滕国到了魏国，当时的国君是梁惠王。第一段对话是孟子去谒见梁惠王时发生的，孟子针对梁惠王只言功利的特点，指出只言利而不讲仁义的危害和后果便是"上下交争利，而国危矣"，并引用历史事实来证明他此言并非危言耸听，强调仁义的重要性。

第二段对话发生在梁惠王在池塘边观赏大雁和麋鹿时，当梁惠王带有炫耀性地询问"贤者亦乐此乎"时，孟子则正色指出真正贤德的人才能喜欢这种快乐，不是贤德的人，即便有这种快乐也无法享受，并指出为君者的原则应是"与民同乐"。

在第三段对话中，梁惠王问孟子为何自己很尽力地治国却不见成效。孟子没有直接回答他，而是首先用战场上"五十步笑百步"的比喻指出梁惠王虽做了一些救灾工作，但并未施行仁政，从而不能从根本上改变人民的生活。孟子认为施行仁政，首先要做到"不违农时"，让老百姓不用担忧他们的衣食住行、生养死葬；进而孟子提出要"谨庠序之教，申之以孝悌之义"，先养后教，使人们不仅安居乐业，而且品德敦厚，如此便可实现人心所向、一统天下的大道。

在第四段对话中，梁惠王向孟子请教，孟子指出国君以政杀人无异于"以梃与刃"杀人。作为一国之君，应该心存百姓，不能自己"庖有肥肉，厩有肥马"，而让"民有饥色"、"野有饿莩"。

第五段对话中，孟子劝梁惠王施行仁政，从根本处增强国力，使老百姓"富而后教"，既要"省刑罚，薄税敛"以解决人们生活之忧，又要使"壮者以暇日修其孝悌忠信"，人们品德敦厚；在国家有难时，自然会誓死保卫国家。

第六段对话是孟子与梁襄王展开的。梁襄王问孟子如何实现天下安定。孟子回答说只有天下统一了才能安定，而只有"不嗜杀人"的君主才能统一天下，因为君主关爱百姓，百姓才会"悦而归之，如水之就下"。

梁襄王即位不久后，孟子便离开魏国到齐国，当时齐宣王刚刚即位。孟子见到齐宣王时，宣王问的第一句话就是齐桓晋文是如何称霸的，孟子有意躲避转而向宣王讲述统一天下的王道，以齐宣王以羊易牛衅钟的故事肯定宣王有"不忍"和"保民"之心。进而指出宣王不该"恩足以及禽兽，而功不至于百姓"，其不是"不能""保民而王"，而是"不为"。在此之上，孟子建议宣王施行"推恩"的仁政，即把爱禽兽之心推广到百姓身上，对百姓施之以"养"和"教"。

（2）《梁惠王》下。

在本段中，面对庄暴对齐王"好乐"的疑问，孟子指出这并不是一件坏事。孟子见到宣王后告诉他，无论齐王爱好的是"古之乐"还是"今之乐"，只要能与民同乐，那么齐国便有希望了，并引导宣王认识到"独乐乐"不如"人乐乐"，"少乐乐"不如"众乐乐"，而只有"与百姓同乐"才可称王天下了。而面对齐宣王的不解，孟子向其指出，文王的园林方七十里而百姓还觉得小，而他的园林才方四十里百姓却嫌太大，是因为文王做到了把百姓装在心中，与民同乐，与民同忧；并告诉他与邻国相处时，应根据国家的大小强弱来决定相处的方式，以大事小当仁，以小事大当智，不论大国小国都应平安相处，一个能够称王天下的君主必须要"乐以天下、忧以天下"。在是否拆除明堂的一事上，孟子主张不拆除，反而建议宣王施行王政；而施行王政的要义在于要"与百姓同之"，只要百姓与国君一样不愁吃穿、不愁婚嫁，王政便不算是什么难事了，一个国家治理不好，国君应承担责任。孟子指出宣王身边既无世臣又无亲臣，劝其要多听国人即老百姓的意见；并指出不该让有政治才能的大夫在治理国家时放弃自己自幼所学的本领而听从国君的要求去做，那样不可能治理好国家。齐国打败燕国后，齐王认为这是上天的有意安排，意欲吞并燕国，遂征求孟子的意见。孟子则表示"取"或"不取"不在天而在于燕民，只有顺应民意才可会受人民的拥戴。而在各国诸侯都谋划着救助燕国时，孟子则首先告诫宣王不要畏惧；随后通过对比，指出齐国军队在燕国的暴虐行径，必然会招来其他各国的攻击，建议宣王送回燕国的老少俘虏，和燕国老百姓商量立一位国君后立即退兵。

在邹国，孟子向邹穆公指出官员被杀并不能怪罪于百姓，因为官员腐败和残害百姓在先，百姓自然记恨他们是正常的，劝其施行仁政。孟子向滕文公建议，滕国作为一个夹在齐国与楚国之间的小国，其唯一方法便是既不事齐也不事楚，并为其指出两条路，一是效法太王，放弃滕国去别处重建基业；另一条则是"世守"基业，"效死勿去"。

（3）《公孙丑》上。

在本段中，公孙丑问及孟子如果能在齐国当权，管仲和晏婴的功业能否再度兴起？孟子并没有直接回答他的问题，而是举出曾西的例子，认为管仲的功绩很小，自己若能在相同的条件下执政，则"以齐王，由反手也"。公孙丑表示怀疑，孟子则将殷末的形势和当前形势作了一个对比，认为只要施行仁政，便可事半功倍。随后公孙丑向孟子问了一系列的问题。先是问及孟子是否会在完成霸业称王天下后动心，孟子指出不动心以及不动心的方法和种类。接着孟子指出他的不动心与告子所言的不动心的不同之处在于：告子的不动心是"不得于言，勿求于心；不得于心，勿求于气"，而他的不动心是"持其志，无暴其气"的。而孟子长于告子之处在于两点：一是"知言"，二是"善养吾浩然之气"。浩然之气是一种"难言"的东西，其特点在于至大至刚，"以直养而无害，则塞于天地之间"。只有与正义和真理相配合，才能培养出来它，并且不断积累才行。而"知言"不是孟子的目的，而是要通过言语去知人，以防其"害政"、"害事"。随后孟子比较了"以力称霸"与"以德服人"的不同，指出只要施行仁政、以德服人便能增强国力。孟子指出"仁者荣，不仁则辱"，但人们却恶辱而不仁，要摆脱侮辱只能"贵德而尊士，贤者在位，能者在职"，并以《鸱鸮》诗为例指出只有增强国力才能不受侮辱，告诫统治者福祸都是自取的，不能只图享乐不思进取。针对时弊，孟子提出五项施政建议，不仅要"尊贤使能，俊杰在位"，更要薄赋减税，如此方能长治久安，体现了儒家一贯的"养而后教"原则。

孟子认为"人皆有不忍人之心"，否则便不能称之为人。具体表现为"怵惕恻隐之心"、"羞恶之心"、"辞让之心"、"是非之心"，此四心乃仁义礼智之端，需"扩而充之"，那样便如"火之使然，泉之始达"，"足以保四海"，否则"不足以事父母"。同时孟子以矢人、函人、巫师、匠人的例子向人们指出择业的时候要谨慎，劝人们不仅要选择仁，还要"行仁"。而后孟子以子路、大禹、大舜的例子劝诫人们要勇于面对错误并改过。

（4）《公孙丑》下。

本段中，孟子介绍了"天时"、"地利"、"人和"的意义，并认为三者中最为重要、威力最大的是"人和"，并向国君指出"得道者多助，失道者寡助"，劝其施行仁政，告诫君主应该"尊德乐道"。随后，孟子以受金之例，告诉弟子陈臻君子之取与不取都是有原则的；在与孔距心的谈话中，孟子逐步引导他认识到百姓的苦难罪在自己，并以孔距心勇于罪己的故事暗示君主，一个国家治理不好则罪在国君；孟子还回应世人，指出他不同于蚯蚓蛙之处在于"无官守"、"无言责"，所以进退有余；针对世人对孟子的误会，孟子解释道，他说可以伐燕是指王者之师可伐，以救燕民于水火之中；但是与燕国同样暴虐的齐国则自然不可伐燕；在面对陈贾欲为齐王开脱伐燕失败的责任而提及周公派使管叔监督殷民而失败的例子时，孟子指出国君应有一个积极的态度去面对错误、改正错误而不是逃避责任和将错就错；后来，当孟子感觉齐王不会采用自己的施政主张，于是离开了齐国，面对齐人尹士的责难，坦白了自己"千里而见王"并不希望"不遇故去"，之所以会"三宿而出昼"是为了等待"王庶几改之"，因为在他相信"王如用予，则岂徒齐民安？天下之民举安"。在孟子眼中，"五百年必有王者兴"，而他认为当时便是"平治天下"的好时期，而自己正是那位可以辅佐明君平治天下之人。

（5）《滕文公》上。

本段中，孟子首先向滕文公指明"性善"之道，认为循此之道便可成为圣贤，并以成𬤝、颜渊、公明仪三人的例子来证明君子应该有成为圣贤之人的抱负和勇气；滕定公去世时，孟子教导太子要按礼法实行三年之葬，尽管遭到"父兄百官"的反对，但因为太

69

子带头实行了而受到世人的称赞。面对"滕文公问为国",孟子向其指出"民事不可缓",要施行仁政,采取减免赋税、设"庠序学校",对百姓实行养而后教;并指出施行井田制的意义及要略。随后,孟子驳斥许行主张的君与民"并耕而食"思想,认为社会需要分工专职,"劳心者治人,劳力者治于人;治于人者食人",此乃"天下之通义也",并以尧、舜、禹的故事为论据证明他的观点。在面见夷之时,孟子驳斥墨家"爱无差等"的主张,认为"爱有差等"是天经地义的。

(6)《滕文公》下。

本段中,弟子陈代首先以"枉尺直寻"为喻,劝其谒见诸侯。孟子则表示自己绝不"不待其招而往",因为孟子认为"枉己者,未有能直人者也"。在与景春之辩中,孟子指出"大丈夫"的必要条件是"仁"、"礼"、"义",所谓"富贵不能淫,贫贱不能移,威武不能屈,此之谓大丈夫"。

孟子向其弟子说明,"古之君子""三月无君则吊",而自己不去做官不是"不欲仕也",而是"恶不由其道"。随后,孟子批评了彭更和樊迟的"士无事而食"的思想,认为士"非食志,食功也",强调士人对整个社会的功用。他向万章指出,只要宋国真的施行仁政,那么不论国力多么微弱,"四海之内皆举首而望之";而他对宋王偃的变善是不看好的,因为他周遭围绕的都是阿谀奉承的小人。此外,孟子指出了士与当权者的相处之道,认为如果君主"迫"的话,则可以见；但不可"胁肩谄笑，病于夏畦"，那并非"君子之所养"。

孟子告诫宋国大夫戴盈之知错要立即改正，指出社会历史进程的规律是："天下之生久矣，一治一乱"，历史上先后经历了"禹抑洪水而天下平"，"周公兼夷狄，驱百兽而百姓宁"，"孔子成《春秋》而乱臣贼子惧"阶段，而其时则为第四个阶段，孟子则是一位"欲正人心，息邪说，距诐行，放淫辞，以承三圣者"。孟子认为陈仲子的操守是不能推行的，士人不可不顾父母、兄弟的情义而只顾自己的廉洁，并非真正的廉洁之士，而不过是如同蚯蚓一般。

（7）《离娄》上。

本段中孟子指出"不以规矩，不能成方圆"、"不以六律，不能正五音"，强调只有施行仁政才可平治天下，劝诫君王应效仿尧、舜，强调如规、矩一样的标准的重要性，以历史事实比较说明了仁与不仁的结果，指出治"不仁"之法为"反求诸己"，如果君主勇于从自身找原因，便可"天下归之"。接下来孟子指出"天下之本在国，国之本在家，家之本在身"；"为政不难"，关键是不要"得罪于巨室"，并告诫国君，不论国家大小，都应顺从天意，修德行仁。其后孟子再次强调了"天作孽，犹可违；自作孽，不可活"，认为个人的祸福全是自取，并以桀纣失天下为例，告诫君主必须保民心，其要义在于"所欲与之聚之，所恶勿施尔也"。在孟子看来，天下平并非难事，只要"人人亲其亲，长其长"便可实现；而一个士人若想得到上级

71

的信任，则需"诚其意"。得人心者得天下，施仁行善便可。

在个人修养上，孟子认为人的善恶可以通过其眸子看出，为人需恭俭，不可"好为人师"，亦不可"易其言"。在父子伦常上，孟子主张父亲要"易子而教"；以曾子的故事告诫为人子者"事亲事大"，且"不孝有三，无后为大"。

（8）《离娄》下。

本段中，孟子首先指出舜与文王的修身治国之道是一模一样的，告诫君主要遵循正道。"礼"需要人我之间共同维持，臣子与国君的关系也是如此，尽管孟子承认君主高于臣子，但是君主必须做到"三有礼"，才能让臣子心服，强调君主仁义有礼的重要性。

在个人修养上，孟子认为品德高尚的君子必是仁义之人，"以仁存心，以礼存心"，"有所不为，而后可以有为"，其言行必定符合正义，且保有赤子之心，须为人正直，不会趋炎附势。

（9）《万章》上。

本段中，孟子盛赞了舜，认为孝悌是仁之根本，而舜则是这样一位有着孝行动天的伟人。孟子认为舜的不告而娶是符合正道的，他对兄弟象的关爱亦是值得后人学习的。而孟子更为赞扬的是舜荐禹于天的禅让制度，认为父传子、子传孙的世袭制是不可能的，因为决定帝位传承的"天"，理应"天与之"、"天受之"、"民受之"。

此外，在与万章的谈话中，孟子还先后为伊尹、孔子和百里奚正名，认为他们都是圣贤之人。

（10）《万章》下。

在本段中，孟子先是评论了四位圣贤，称赞伯夷为"圣之清者"，伊尹为"圣之任者"，柳下惠是"圣之和者"，但他们各有偏私，唯孔子是金声玉振般的"集大成"者。随后描述了周朝的等级爵禄制度。而在谈及交友时，他指出"友也者，友其德也"，强调交友要"三不挟"，不可好高骛远，才能做到以友辅仁；而对于交际，则要讲究礼尚往来。此外，孟子还指出了士人该如何对待国君的赐予，怎样才能既养贤又合于礼。

（11）《告子》上。

本段中，孟子系统地讨论了人性的问题。孟子与告子展开辩论，指出他把人的本性比作杞柳是错误的，是有损于仁义的；而告子的"人性不分善恶"思想也是错误的，他认为如果没有受到外力干扰，人就会自然向善，就如同水的直流而下一样；告子认为"生之谓性"，以生命为性，而孟子则以仁义为性，指出人区别于动物在于人具有道德性；而告子认为"食色性也"、"仁内义外"，孟子则指出告子所言的仁、义皆过狭隘，仁心与道义都不应偏私。孟子认为人性本善，仁心和道义都是内在于心的，由人的自然本性引发。人有"四端之心"便是明证。但是即便人性本善，后天环境也会影响到人心，从而表现出个体在具体行为上和性情上的差异。

孟子以鱼与熊掌为喻，引出君子应"舍生取义"；

以下棋为例，指出做事应专心致志，不可一心二用；并指出"学问之道无他，求其放心而已"，意指做人与做学问都要找回善良的本心。但同样是遵从本心，却因耳目以感触为性，不会有是非善恶的判断，所以人们常会因私心而使本心不得呈现，出现"或从其大体，或从其小体"的现象；他认为"心之官则思，思则得知，不思则不得也；此天之所与我者也"，劝诫人们用心思考，努力去培养良心，"修其天爵而要人爵"。

（12）《告子》下。

本段中，孟子先是和屋庐子谈论了常行与例外的问题，在正常情况下要守礼，但出现意外时，则要变通。孟子认为"人皆可以为尧舜"，因为人的本性都一样，人人皆有仁义的道德心。接下来，孟子指出了子女对犯有大小不同过错的父母所应有的态度。他认为对于犯大错的父母，子女要怨；而如果子女怨恨只是犯了小错误的父母，那就是不孝。在与宋轻的争辩中，孟子批评了他从利害关系的角度劝秦楚罢兵，认为要怀仁义之心才不会引发利害冲突和战争，此乃"义利之别"。

在孟子眼中，三王时代的政治是最理想的，那时候"养老尊贤，俊杰在位"。而战国时期，兼并战争不断，民不聊生。孟子对慎子"不教民而用之"的用兵思想提出批评，主张为臣者要帮助国君施行仁政。

君子应仁义诚实，能听取善言，可以在艰苦的环境下接受锻炼。

（13）《尽心》上。

在本段中，孟子首先指出只有充分扩展自己善良的本心的人，才能明白人之所以为人的本性的人；而只有知道了人的本性的人，才会知道天道也就是万物本源是什么；安身立命的方法就是存心、养性、修身。而在现实生活中，人们要"顺利而行，尽其道而死"，"尽人事以听天命"。随后孟子指出，有些东西，如仁义礼智，"求则得之，舍则失之"；而有些"求在外者"的东西，比如富贵，则是"求之有道，得之有命"。

（14）《尽心》下。

在本段中，孟子首先指出梁惠王是不仁之人，因为"仁者以其所爱及其所不爱"，但"不仁者以其所不爱及其所爱"。他认为《春秋》无义战，因为诸侯有罪只能由天子来征讨，诸侯之间不可相征，"征之为言正也"，像国君指出"仁者无敌"，劝国君施行仁政，提出"民为贵，社稷次之，君为轻"的思想；此外，他还告诫读书人，"尽信书不如无书"，要努力钻研，要有包容之心，对于错误要勇于从自己身上找原因。人的各种欲望都属于天性，能否都得到满足则要看个人命运，君子不应把他们视为天性之必然，而应将人之仁义礼智当做是天性之必然，不可将其归为命运。

2. 思想

《孟子》一书关于孟子及其弟子言行的记载，反映了孟子在治国、为人处世等方面的思想与智慧。孟子的思想博大精深，其主要思想有以下几个方面。

（1）仁政治国。

孔子主张"以德治国"，倡导德治，孟子则发展了孔子治国思想上的德治理念，创造性地建立了仁政学说。

孟子在政治思想上的核心理念是仁政学说，这一学说是对孔子仁学思想的继承与发展。一般认为，儒家所讲的"仁"是一个含义广博的伦理道德观念，而蕴涵在其中的精髓是爱的理念。孔子说："仁者，人也。"孟子认为："仁，人心也。"孟子所认为的仁是对他人的仁爱之心。孟子说："人皆有不忍人之心。先王有不忍人之心，斯有不忍人之政矣。以不忍人之心，行不忍人之政，治天下可运之掌上。"他从孔子的仁学思想出发，把它发扬光大，融会贯通成了一个包括思想、政治、经济、文化等各领域的施政纲领，这就是仁政学说。孟子仁政学说根本上还是坚持民本思想的，孟子的仁政学说在政治上提倡"以民为本"，孟子认为，对一个国家来说"民为贵，社稷次之，君为轻"。他还说：国君有过错，臣民可以行劝说的权利，规劝多次国君不听从的，人民就可以把他推翻。为了说明自己的仁政学说究竟是什么样子的，孟子在与齐宣王对话的时候说："保障百姓生活安定就可以统一天下，没有人能够阻挡。"孟子还认为齐宣王是有不忍人之心的，他还举了一个例子来说明，孟子说："我曾经听说国君坐在堂上，有人牵牛从堂下经过，王看到了，便问：'牛牵往哪里去？'那个人回答说：'这头牛是用来作为祭钟的牺牲的。'王说：'放了它吧，我不忍心看到它哆嗦成一团的样子，它没有什么罪却要被杀掉'，那个人就问'祭钟的事情要废除吗?'王说'怎么能废除祭钟呢，那就找只羊来代替它吧。'""大王用这样的心就可以统一天下了。"

其实，孟子仁政学说的理论基础是"性善论"。关于人性的问题，自古便有许多的讨论，人性到底是善的还是恶的，大家各执一词，孔子说"性相近，习相远"。人的本性是大致相同的，孟子说"恻隐之心，人皆有之"。他认为善是人类所独有的一种天性，也是人区别于动物的一个根本性的标志。孟子说："恻隐之心，人人都是有的；羞耻之心，人人都是有的；恭敬之心，人人都是有的；是非之心，人人都是有的。恻隐之心是属于仁的，羞耻之心是属于义的，恭敬之心是属于礼的，是非之心是属于智的，仁义礼智，这些都不是外人给的，这些都是人自身便具有的，这些只是自己领悟不到而已。"孟子把这四心叫做四端，从而形成了他著名的"性四端"说。关于人的天性究竟是不是善的，孟子曾经和告子有过争论，在《孟子》"告子"篇中有精彩的记录。

（2）不义之战。

夏商周时期，诸侯分封，各个诸侯国像众心捧月般屏护着西周，但是周室东迁以后，宗周再也没有了昔日的威风，春秋时期，兼并战争接连不断，强国蚕食弱小国家，最后就还剩下百余诸侯国。孟子说"春秋的战争没有正义的，那个国君比这个国君好一点，这种情况是有的，征的情况是上讨伐下，对等的国家是不能相互讨伐的"。显然，面对现实的弱肉强食，孟子表明了自己的不满，所以孟子发出了春秋没有正义战争的感慨，凡是发动不义战争的人都是历史的罪人。

为了说明不义战争的不合理性，孟子说："君主不行仁政便聚敛了大量的财富，这些都是被孔子唾弃的，连这都被孔子唾弃，更不用说是发动战争了，为了争夺土地便发动战争，杀人无数，为了争夺城池而发动战争，杀死一城的人，这就是为了土地而吃人的肉呀，这是让他死都不能赎他的罪的，所以好战的人要受到最终的惩罚。"从孟子的话里面，我们可以看到孟子对于不义战争的厌恶之情，与敛财相比发动不义的战争可以称得上是最该受到惩罚的，连带着鼓吹发动不义战争的人也是应该受到惩罚的。春秋战国时期，诸侯征战不断，出现了许多横纵连横的说客，其中比较有名的有苏秦等，孟子说这样的人也是应该受到刑罚的。

孟子认为诸侯之所以要发动不义的战争，主要是由实行霸道的政策决定的，而实行霸道与行仁政是相悖的，孟子认为行霸道的永远都无法取得最终的胜利。《公孙丑》里有段精彩的记载，孟子说："天时不如地利，地利不如人和。一座周围三里的小城，只有七里的外城，把它包围起来了，但是就是攻不下来。能够把它包围起来攻打，一定是占有了有利的时机的，然而不能取得胜利，这说明天时条件不如地理条件重要。一座大的城池城墙不是不高，护城河也不是不深，武器也不是不锋利，盔甲也不是不坚固，粮食也不是不

多，但是最后不得不放弃它，这说明地利还是不如人
和重要呀。"孟子的这段话是要说明人的重要性，物质
条件再好要是不得人心还是不能取得战争胜利的。他
接着说："限制老百姓不依靠界墙，巩固国防不依靠陡
峻的山峰，威震天下也不依靠兵器的锋利，国君实行
仁政就会有很多人来帮助他，不使用仁政的国君帮助
的人就会少，少到了极点的时候连亲属都会叛离了，
多助到了一定的程度，全天下的人都会归顺他的，用
全天下人的归顺去攻打众叛亲离的人，只要是君子打
仗，肯定会胜利的。"孟子在这里为我们描述了仁政在
战争胜负中所起的作用，这两段经典的语句，后来被
人们凝练成了许多名言警句，如"天时不如地利，地
利不如人和"等，这些话都已经是大家耳熟能详的经
典语句了。

（3）义利之间。

社会总是充满了义和利的矛盾，在面对义的时候
我们到底应该怎么做，是不是应该完全抛却利呢？孟
子给了我们答案。孟子说："鱼是我想要的，熊掌也是
我想要的，两者不能同时得到，那我便舍弃鱼要熊掌
了。生是我想要的，义也是我想要的，两者不能同时
得到，那我就舍弃生命选择义，生命是我所希望的，
但是我所珍爱的东西超过了生命的意义，那我就不苟
且活着了。死亡是我所厌恶的，但是还有比死亡更让
我厌恶的东西，所以有的祸患我不去逃避。"人总是作
出一个选择的，要么选择现实的利益，要么就选择人
格的伟大，看到这里我们似乎可以这么来解说孟子的

79

学说了，但是中国传统文化的魅力就在于不瘟不火恰到好处，懂得在恰当处寻找平衡，孟子伟大的地方也在这里，他接着说："假若人们所希望的东西没有超过生命的，那么凡是可以用来保存生命的有什么不可以使用的呢？假若人们所厌恶的东西没有超过死亡的，那么凡是可以避开祸患的措施又有什么不可以使用的呢？这样看来，之所以有可以保存生命的方法没有使用，有可以避开祸患的方法没有使用，这是因为有真爱的东西超过了生命，有厌恶的东西超过了死亡。"原来是把生命看做是最宝贵的东西，所以才珍惜生命，人们对死亡充满了厌恶，所以才选择用各种方法来逃避死亡，看到这里我们不禁豁然开朗，原来孟子所倡导的观念并不是盲目地追求义，有时候我们对孟子的理解有些偏颇了，觉得孟子是一个只知求义而不知谋利的人，看来这是对孟子的误读，孟子并没有否定利的价值和意义，他只是扩大了利的内涵和意义，一筐米饭得到了就可以活下去，得不到就要饿死了，怎么办呢？要是拿这筐米饭吆喝着施舍给路人，就算是叫花子也不会去吃的，这就是义，仁义礼智这些都是义的重要内涵。

所以孟子在处理义和利的关系时，首先是倡导行仁义的，没有这个作为前提是不行的，但是孟子也不抹杀人对于利的正当需求，要是有些利是人所必需的话，也是要满足的。"舍生取义"是有条件的，那就是当义的意义大于生命的价值时，我们才能舍生取义。

三　《孟子》精言妙语

《孟子》的伟大思想光芒照耀了一代一代的中华儿女，其中的许多内容被后人凝结成了精言妙语，成为我们言行的指路明灯，现择取精粹抄录如下。

1. 为人处世

孟子曰："大人者，不失其赤子之心者也。"（《离娄下》）

【释义】孟子说："什么样子的人才是有修养的人呢？有修养的人就是那种没有失去婴儿般天真纯洁心灵的人。"

【点评】孟子在这里为我们描绘了有修养的人是什么样子的，修养是一种内心世界的净化，只有冰凌纯洁才是人性美的真谛。

孟子曰："仁，人心也；义，人路也。舍其路而弗由，放其心而不知求，哀哉！人有鸡犬放，则知求之；有放心，而不知求。学问之道无他，求其放心而已矣。"（《告子上》）

【释义】孟子说："仁，是人的本心；义，是人的行为的正道。放弃了人的行为的正道不去走，作出不符合正道的行为，丧失了善良的本心而不去寻找，只是想着一些邪恶的事情，这真是太可悲啦。要是谁家丢了鸡狗就要赶紧去找，竟然有人丢了善良的本心却不去寻找。做学问没有其他途径，就是把善良的本心找回来就行了。"

【点评】孟子在这里要告诉我们的什么才是仁义，孟子把人的心和行动完美地结合了起来，人心都有善良的方面，放弃了善良选择了邪恶，在行为上就会表现出偏离正道，偏离了正道要赶紧去修正自己的心性，把行为约束到正道上来。孟子的思想对我们今天的现实也有很多的指导意义，当今市场经济条件下，许多人为了金钱而丧失了善良的本心，就去侵犯他人的合法权益，这是多么让人痛心的事情呀，我们应该规范自己的行为，为和谐社会建设添砖加瓦。

孟子曰："鸡鸣而起，孳孳为善者，舜之徒也；鸡鸣而起，孳孳为利者，跖之徒也。欲知舜与跖之分，无他，利与善之间也。"（《尽心上》）

【释义】孟子说："有的人鸡叫的时候就早早地起来，一天到晚辛勤地忙碌着积德的事情，这样的人就属于尧舜一样的人；也有的人从鸡叫的时候就早早起床了，可是他整天把心思放在牟取私利上，这种人就是强盗一样的人，要想知道贤明的人和强盗之间的差别的话，那就是积德行善和牟取私利之间的区别。"

【点评】孟子在这里为我们揭示了有德之人与无德之人在行为上的差别，孟子把有德的人比成是尧舜，而把无德的人看做是强盗，尧舜自然是要受到社会的推崇的，强盗当然要被放在受批判的位置上。当今社会上也有许多人为了一己私利危害社会，这不就是像孟子说的强盗吗？这些人当然要受到社会的唾弃了。

孟子曰："不挟长，不挟贵，不挟兄弟而友。友也者，友其德也，不可以有挟也。"（《万章下》）

【释义】孟子说："交朋友的原则是不应该仗着自己的年岁大而倚老卖老，不仗着自己的地位高而盛气凌人，不仗着兄弟们的权势重而以势压人。交朋友要交的是品德，不应该有其他的背景条件。"

【点评】孟子为我们指明了交朋友的原则，交朋友要交的是人心而不是其他的东西，而且要真诚，现在很多都是酒肉朋友，这些关系都是不可靠的，只有真心才能维持友谊的长久。

2. 教育学习

孟子曰："虽有天下易生之物也，一日暴之，十日寒之，未有能生者也。"（《告子上》）

【释义】孟子说："就算是天下最容易存活的植物，你让它暴晒一天，再冻上十天，也没有可以存活的。"

【点评】孟子用植物的比喻来告诫人们，做事情要有恒心，不可忽冷忽热，那样的话，再容易的事也做不好的。

孟子曰："有为者辟若掘井，掘井九仞而不及泉，犹为弃井也。"（《尽心上》）

【释义】孟子说："做事情就好比是挖井，如果挖到了六七丈不见泉水就放弃了，那么就如同挖了一口废井。"

【点评】做事情如果做不到持之以恒，半途而废的话，即便之前投入了一些精力，也是见不着任何成效的。

孟子曰："宋人有闵其苗之不长而揠之者，茫茫然归，谓其人曰：'今日病矣！予助苗长矣！'其子趋而注视之，苗则槁矣。天下之不助苗长者寡矣。以为无益而舍之者，不耘苗者也；助之长者，揠苗者也。非徒无益，而又害之。"（《公孙丑上》）

【释义】孟子说："宋国有一个人，担心地里的禾苗长得不快，于是就一棵一棵的将禾苗拔高了，干了好半天的活儿，头昏脑胀地回到家对家人说：'今天可把我累坏了，我帮禾苗长高了很多！'他的儿子听到后，赶紧跑到地里去看了看，发现满地的禾苗都已经枯萎了。天底下不揠苗助长的人很少，以为养育禾苗无益而放弃不干的人，是懒于耕耘的人；违背规律帮助禾苗成长的人，不仅是徒劳无益的，反而是有害禾苗生长的。"

【点评】做人做事要懂得循序渐进，不可违背规律。

孟子曰："尽信书，则不如无书。"（《尽心下》）

【释义】孟子说："如果完全相信书上所说，还不如没有书。"

【点评】如果一味相信书上所说（即使那是一本很好的书），而没有怀疑精神的话，是没有好处的。

（北京师范大学历史学院　刘瑞龙博士）

《周易》

　　《周易》是一本周代占筮的书籍，旨在探究天地奥妙、预示吉凶祸福。上古时期，古人比较迷信，遇事总喜欢卜问神灵。殷商时期占卜主要使用甲骨，甲骨文的卜辞就是占卜情况的记录。周人主要用蓍草卜卦，叫占筮，《周易》就是根据占筮材料编纂而成的一部供占筮者使用的占卜书，它的作者很可能是周代的筮官。相传上古占筮书除《周易》外，还有夏《连山》、商《归藏》，称为三易，但《连山》和《归藏》早佚，后世无人见过。《周易》在春秋战国时期就已被人们视为重要的典籍，从汉代开始，由于儒家经学的确立和发展，《周易》被尊为五经之首，两千多年来位居群经之首，讲解、注释的都很多，于是成为一种专门的学问，即易学。《周易》对中国古代政治、哲学、伦理、宗教、科技思想、文学艺术、风俗习惯等都产生了深刻的影响，是影响深远、代表中华文化特征的重要经典之一。中国人特有的伦理观念、思维模式、价值系统和审美情趣都能够在《周易》一书中寻到根源。因此，《周易》是中华民族传统文化的一份宝贵遗产。

一 **《周易》的成书和编撰**

按照过去传统的说法，《周易》成书的过程是人更三圣，世历三古。所谓三圣是指伏羲、周文王、孔子这三位圣人，所谓三古也就是伏羲为上古、周文王为中古、孔子为近古的三个时代。伏羲是上古神话传说中的人物，被称为中华民族的人文初祖，在《易传·系辞下》中就说伏羲创造了八卦："古者包牺氏之王天下也，仰则观象于天，俯则观法于地，观鸟兽之文，与地之宜，近取诸身，远取诸物，于是始作八卦。"这些传说其实是为了增加《周易》的神秘色彩，抬高它神圣而权威的地位，无可考信。后来有学者把这种只有八个符号而没有任何文字的《周易》称之为先天易学。周文王是周族的首领，姬姓名昌，因为反对殷纣王而被囚禁在羑里（今河南汤阴县内）。传说在被囚禁时，他把伏羲的八卦演化为六十四卦并加上卦爻辞，司马迁在《史记》中肯定《周易》为文王所作："西伯拘羑里演周易"；"自伏羲作八卦，周文王演三百八十四爻。"班固在《汉书·艺文志》里也认为："文王……重《易》六爻，作上下篇。"汉儒大都承袭这种说法，但历代都有人怀疑。孔子是我国著名的思想家和教育家，同时又是儒家学派的创始人，按照传统的说法，《易传》是他晚年创作的。以上的说法存在很多问题，传统所谓的人更三圣，世历三古的说法并不可靠，但它给我们的启示是：《周易》不是一时、一地、一人所作。《周易》的卦爻辞应该是当初的占卜术士的经验积累，由太卜或者筮官递相编撰和修订而成的。至于孔子作《易传》的说法，历来也有分歧，肯定这种说法的，如司马迁在《史记》中就论证《易传》为孔子所作，也有人认为是孔子的弟子所作；有人则持怀疑态度，最早的如宋朝的欧阳修。现在比较普遍的看法是，《易经》编撰成书的时间大约在殷商西周之际，也不能迟于西周末年，因为春秋时期的《左传》中已有很多以《易》占筮的记录。大多数学者认为《易传》成书于春秋战国时期，它的作者不一定是孔子，也可能是孔子的后学，《易传》中的一些话反映了儒家的思想，可能是孔子传授《周易》时所述，它的学生根据孔子所讲的记录，加以整理、补充、润色编撰而成。

 ## 《周易》题解

《周易》这个名称，最早见于《周礼·春官·太卜》："太卜掌三《易》之法，一曰《连山》，二曰《归藏》，三曰《周易》。"《周易》一书为什么被叫做《周易》，"周"、"易"到底是什么含义，历来众说纷纭。前人的重要说法约有如下几种。

1. 关于"周"的解释

（1）周代。《周易》的"周"是朝代名，指夏商周的周代。郑玄《易赞》说："夏曰《连山》，殷曰《归藏》，周曰《周易》。"唐代孔颖达《周易正义》

说："又文王作《易》之时，正在羑里，周德未兴，犹是殷世也，故题周别于殷，以此文王所演故谓之《周易》。其犹《周书》、《周礼》，题周以别余代。"朱熹《周易本义》也说："周，代名也。《易》，书名也。"《周易》就是周代人占筮算卦的书。

（2）周普。指在宇宙框架中的普遍、博大之意。《周易·系辞上》说："易与天地准，故能弥纶天地之道……知周乎万物……周流六虚。"郑玄解释道："《周易》者，言易道周普，无所不备。"唐代陆德明《经典释文》说："周，代名也；周，至也，遍也，备也，今名书，义取周普。"

（3）周期。《周易》是研究循环变易的规律，而事物的转换、变化都有一个周期。因此有人认为"周"是圆，就是周期。

2. 关于"易"的解释

（1）易是三易的统一。郑玄解释为："一名而含三义，易简，一也；变易，二也；不易，三也。"《易》以六十四卦包括宇宙间一切天人的现象，以简驭繁，这是易简；自然界和人类社会都在变易，占筮时以卦爻变化预示吉凶，每次各有不同的卦、爻象，这是变易。天不变，道亦不变，《易》理万世不变，这是不易。

（2）变易。"易者，揲蓍变易之数可占者也"，占筮的过程是以蓍草50根，先抽去1根，用49根，分为好几份，这叫做"揲"，然后成卦。要揲好几次，由原先的卦再看它又变为什么卦，最后参考占筮书，来预测吉凶。著占要经过揲著变易之数，《系辞上》有说明，经过这种变易，所以称"易"。此外，东汉许慎的《说文解字》说："易，蜥易。象形。"不过，许慎并未将"易"联系到易学，而是宋明时期有学者根据"易"字的本义认为"易"就是指蜥蜴，蜥蜴善于变化自身的颜色，取"易"作书名是为了突出"变化"这一内涵。

（3）易为日月之意。许慎《说文解字》"易"字下引说"易"的第二义是"日月为易，象阴阳也。"《易纬·乾凿度》云："易名有四义，本日月相衔。"汉代郑玄在他的《易论》中也说："易者，日月也。"但"易"字上部构件虽为"日"，下部构件却非"月"。以日月阴阳解析"易"字，应为西汉象数易家之说，不是从"易"字的构形，而是根据《庄子·天下篇》"易以道阴阳"之义，以"易"象征阴阳二气的氤氲变化。

（4）易是生生不息的意思。《易传》中说生生之谓易，这种观点着眼于变化，认为这种变化是一种生命的代谢与生成，《周易》就是指事物的转换、变化都有一个周期。

（5）职官。礼书上有将上古时期专门负责占筮的官员称为"易"者，《礼记·祭义》说"昔者圣人建阴阳天地之情，立以为易。易抱龟而面，天子卷冕北面，虽有明知之心，必进断志焉；示不敢专，以尊天地也"。郑玄注为"易，官名"。称为"易"的职官，据说在朝廷上很有影响，以至天子也要让他三分。是篇谓为"昔"时之事，究竟属于何时，现在尚无材料进行判断。

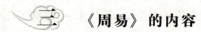

三 《周易》的内容

《周易》由《易经》和《易传》两部分构成。

1.《易经》

《易经》是一部周人占筮用的典籍。别的书一般都以篇或者章为单位，《易经》却以"卦"为单位。每卦里有卦象、卦名、卦辞和爻辞四部分。全书共六十四卦，分为上下两篇，上篇三十卦，下篇三十四卦。从魏襄王墓中挖出的《易经》就分为两篇，说明这种分法至迟在战国时期就开始了。

卦象由阳爻和阴爻这两个符号连叠三层，组成八卦：乾、坤、震、巽、坎、离、艮、兑，称为八经卦。过去有个口诀可便于记忆："乾三连，坤六断，震仰盂，艮覆碗，离中虚，坎中满，兑上缺，巽下断。"记住口诀就能把八卦的名称和形状记住了。八经卦两两相重，构成六十四别卦。卦中六画的排列自下而上，用初、二、三、四、五、上表示序位，阳爻称九，阴爻称六，爻象共三百八十四。初、二、三爻为下卦，亦称内卦；四、五、上爻为上卦，亦称外卦。每卦的解说词句为卦辞，说明每爻的词句为爻辞。六十四卦的卦辞和三百八十六爻辞（另加《乾·用九》、《坤·用六》两条爻辞），总称为筮辞，这就是《周易》的"经"。

　　《易经》本为周人的占筮之书，其原始材料是旧有的筮辞，一事一占，原来是孤立的，经过作者的编排组织之后，成为有系统体例的书。《易经》虽然是占筮书，但其中包含着生活的智慧，这是《易经》能够不断被哲理化的根据所在。正如书中所言："观乎天文，以察时变。观乎人文，以化天下。"《易经》历来被人们看成是讲天道和人事教训的义理之书，也是今天我们探究上古社会形态和思想观念发展的重要材料。

　　2.《易传》

　　《易传》成书于春秋末年至战国后期，再经汉代学者编订，是系统解说《周易》的专著，非出自一时一人之手。《易经》在春秋时代已广为流传，《左传》和《国语》都有许多用《易》占筮的记事和讲述八卦卦象的记载。1973年湖南长沙马王堆三号墓出土的帛书《周易》，有经，也有部分传。东汉末年郑玄才把《易传》中的《彖》和《象》同经文编在一起。魏晋时期的王弼、韩康伯作《周易注》，已经成为现在的形式并通行下来，《十三经注疏》收的就是王弼、韩康伯注，唐孔颖达正义。

　　《易传》也就是人们所说的《十翼》，共十篇，因为被附在经后用来解释经，其作用和形式犹如鸟的翅膀一般，所以叫十翼。《易传》有《系辞》、《彖传》、《象传》、《文言》、《说卦》、《序卦》和《杂卦》共七部分，因为《系辞》、《彖传》和《象传》分别为上下两篇，所以加在一起就是十篇。汉代学者称解释儒家经典的著作为"传"，《十翼》也被称为《易传》。《易传》中的《系辞》通论《周易》之大义，所以《系辞》又称为《易大传》。

《易传》可以说是理解《易经》的一把钥匙，也是一部有自己理论体系的哲学著作。《易传》主要解释《周易》的经文和筮法，《彖》、《象》二传解释卦爻辞的意义及其吉凶词句；《系辞》、《说卦》论说了揲蓍求卦的过程。《易传》通过对《易经》的解说和讲述，将古代的占筮之书哲理化了，古代的天道观和伦理观成为《易传》论述筮法体例和解析卦象、卦爻辞的指导思想，使《周易》成为一部内容丰富、极有价值的中国古典哲学著作。

（1）《彖传》：解释六十四卦的卦名、卦义和《卦辞》，分上下两篇。彖就是断，断定一爻之义。

（2）《象传》：解释卦的象征意义，也分上下两篇。

（3）《文言》：解释《乾》、《坤》二卦的卦辞、爻辞，将这两卦的《彖》和《象》作进一步的推衍和解释，着重阐发儒家的伦理道德思想。

以上三种，因为与经文关系较为密切，后人便把它附在各有关经文之下。经分上下，因此《彖传》、《象传》也分上下。《文言》则附于《乾》、《坤》二卦《象传》之后。

（4）《系辞》：它是《易经》的通论，总论《易传》的基本意义，内容比较丰富庞杂，篇幅很长，也分为上下两篇。它阐释八卦的起源、《易经》的作者和年代、《易经》的基本原理、功能以及筮法等问题，并论述这些方法和观念如何应用于自然与社会，把《易经》由占筮书提高到哲学的意义上。

（5）《说卦》：主要记述乾、坤、震、巽、坎、离、艮、兑这八经卦所象的事物。《说卦》说："乾为天，坤为地，震为雷，巽为木，坎为水，离为火，艮为山，兑为泽。"这是原始卦象，《说卦》又加以引申，一个卦可以代表多种事物。

（6）《序卦》：对六十四卦排列次序的解说。

（7）《杂卦》：不依照六十四卦的顺序而是错杂地解释六十四卦的卦义，论述刚柔相济的道理。

以上四篇各自独立为篇，列于经文之后。

《易传》主要是借解说经文来阐发作者的思想主张，将占筮的典籍哲理化。经与传不是同一个时代的著作。因此，我们今天阅读《周易》，要注意把《易经》和《易传》区分开来。此外，我们还应当明了《周易》所反映的时代以及当时的哲学、政治和伦理道德观念的发展状况，把书中所记述的内容放到当时的历史背景中去理解和分析。阅读《周易》，从中"观其德义"，理解其中所蕴涵的人生哲理和儒家的人文主义传统，增长生活的智慧，提高自己的道德修养和理论思维能力，《周易》的价值正在于此而不在于占卜算命。

四　《周易》经传的流传和演变

随着古人对于事物发展规律认识的深化和系统化，历经上古时代长时期演变的筮法在春秋战国时期有了长足的发展，使筮法和《周易》有了更夺目的智慧之光和更浓重的理论色彩。这主要表现在四个方面，一是在龟卜、蓍筮的关系上，蓍筮日趋重要；二是由数字所表现的易卦完全变成卦画符号，有了人们共同认可的规范；三是《周易》的理论中开始注入阴阳的观念，并且与五行说有了关联；四是占卦方法有了显著的改进。据《左传》和《国语》记载，春秋时人以《周易》占问吉凶，有20多条，涉及周、鲁、齐、秦、晋、郑等国，可证春秋时期《周易》影响之广，表明当时人们不仅把《周易》作为占筮的依据，还奉之为神圣的经典。据说孔子对《周易》也很重视，司马迁在《史记·孔子世家》中说："孔子晚而喜《易》。""读《易》，韦编三绝。"这是说孔子晚年喜读《周易》，把连缀竹简的牛皮绳都弄断了好多次。《论语·述而》还说："加我数年，五十以学《易》，可以无大过矣。"孔子对《周易》的关注和研究，凸显出《周易》对于提高人的道德境界所具有的重要意义。西晋太康二年，有人在魏襄王（公元前318～前296年）墓中挖出了一批竹简。这说明了战国时期《周易》流传和研究的情况，表明当时已陆续出现一批系统解释《易经》的著作，即《易传》，使《周易》这部用于占筮的古书，成为一部讲哲理的哲学著作。

　　秦始皇焚书，《周易》因为是筮书而免于秦火，得以完整地保存并流传下来。汉代仍重视占筮，《易传》所发挥和充实改造的哲理思想对于建立中央集权王朝大为有用，所以当时的统治者尊《周易》为《五经》

之首，而且盛传"三世三圣"之说，给《周易》戴上了神圣的光环。汉代《易》学兴盛，无论官方还是民间，都有一大批经师和学者，以治《易》为己任，《汉书·艺文志》记有十三家流派。东汉的郑玄，兼通古文经学和今文经学，作《周易注》。汉代解《易》的显著特点是注重象数，以阴阳奇偶之数和八卦所象征的物象解说《周易》，并同当时的天文历法相结合，以卦气说解释《周易》原理。汉代易学提出了许多新的体例来解说卦爻辞的意义，但非常烦琐。汉代易学的灾异、谶纬和烦琐笺注之风盛行，是与汉代的社会思潮和历史文化背景密切相关的。

魏晋时代的王弼以儒道结合的玄学思想体系著《周易注》，摒弃汉儒的灾异、谶纬之学和笺注烦琐之风，开创了易学新风。他注重义理而不重象数，提出"夫卦者，时也；爻者，适时之变者"，一扫汉易象数之学的烦琐，并以老庄玄学观点解释卦爻辞，讲"得意忘象，得象忘言"，对《周易》原理的理解，抽象化、逻辑化了。现在通行本《周易》经分上下篇，《彖传》、《象传》和《文言》分别系在各卦经文之后，即是王弼的传本。后来，晋人韩康伯补注了《系辞》等传。唐代孔颖达将此二注合在一起，为之作疏，称为《周易正义》，收入《十三经注疏》中，颁为官定本，这是《周易》流传下来影响最大的版本，也是玄学派易学的代表作。此后，王学大盛，而汉学渐衰。

宋代讲《周易》同汉人和王弼又有不同，不追求《周易》经传文字训诂方面的考证，而注重探讨其中的义理，将《周易》原理高度哲理化。宋代《易》学派别众多，主要有图书派和义理派。图书派的创始人是宋初道士陈抟，他融合了儒、道、佛学说，根据《系辞上》所云："河出图，洛出书，圣人则之"，以"图"、"书"说明《周易》及其卦象的起源，认为象数蕴涵其中。邵雍著《皇极经世》，提出先天、后天八卦图，把《周易》归结为象和数，以此推衍出宇宙发生的图式。周敦颐认为天地万物都从"太极"演化而来，太极一分为二生出阴阳，再二分为四生出四象，再四分为八生出八卦，等等，依次分化生出万物。义理派的创始人是胡瑗，《周易口义》是其弟子记述他的讲学记录，此书专谈"变易之道"，致力于倡明儒家修身治国之学。程颐本胡瑗之说来注解《周易》，发挥儒家义理，探究心性、天命和道德哲学，构成以天理为核心的《易》学思想，成为宋代占统治地位的易学。南宋朱熹继承程传的传统，吸收周敦颐、邵雍、张载的思想，作《周易本义》，此书是宋代以后通行本，成为封建社会后期的官方教科书。

元明两代的象数之学提倡以图像解《易》，形成了易图学，是宋代图书之学的新发展。象数派易学同当时的自然科学知识和方法相结合，形成了医易学派。明代确立了朱熹易学的官学统治地位。明清之际，方以智父子总结了象数之学，而王夫之则从义理学派的角度进行了总结。清代解《易》，反对宋人和王弼的易学，而力图恢复汉人解《易》的传统，注重文字训诂和考据，其代表人物是惠栋和张惠言。焦循不唯汉易是从，而是依汉人解《易》精神，致力于《周易》通例的研究，著《雕菰楼易学五书》（《易章句》、《通释》、《图略》、《易话》、《易广记》），建立了自己的体系，王引之评价为"凿破混沌，扫除云雾"，但后人了解得不多。

五四运动以后，《周易》的研究一反过去以传解经的传统，将《周易》经传放在其所处的历史条件下分别进行研究，开拓了从哲学、史学、社会学、古文字学方面研究《周易》的新领域。1973年，湖南长沙马王堆三号汉墓出土的帛书中有《周易》。帛书《周易》抄写于汉文帝初年，六十四卦的卦名与通行本有很大差异，其排列次序与通行本完全不一样，其卦辞和爻辞也有出入。帛书《周易》中的《系辞》传有六千七百余字，有两千余字为今本《系辞》所无。帛书《周易》的出土表明在汉初就有不同的《周易》写本，这也是目前能看到的最早的《周易》别本。

《周易》一书文字古奥，言约义丰，令人难以理解。注解《周易》的著作浩如烟海，以下扼要介绍几本有代表性的现代著述。

近人杨树达备采三国以前征引《周易》的材料，著有《周易古义》，由此可以知悉古人是怎样讲解和利用《周易》的。

高亨所著《周易故经今注》长于文字训诂，力求经文原意，不受《易传》的束缚，排除象数陈说。姊妹篇《周易大传今注》认为《易传》与《易经》原意往往相去甚远，故当"以经解经，以传解传"，着重于文字的训解，力图揭示《易传》的哲学意蕴。两书以文言文写成，为浅近明白的易学力作。

金景芳、吕绍纲的《周易全解》认为《周易》实质上并非卜筮之书，而是一部哲学著作；《易传》的思想就是《易经》的思想，经传不可分。解说明白详尽。

朱伯昆《请来认识易经》和《易学漫步》，行文简约，深入浅出，对易学的分期和流派、易图的产生和演变、易学的基本范畴、易学的思维方式，以及易学与哲学、人伦、科技、医学等关系进行概述。认为《周易》本为占筮古书，是中国哲学和中华民族思维方式的先声；而《易传》则是穷理尽性之书，将上古占筮典籍升华为哲学典籍，历代易学成为中华文化和学术的轴心，为人类文明作出了卓越贡献。

（北京师范大学历史学院　黄鸿春博士）

《尚书》

 ## 《尚书》的由来

　　《尚书》是我国历史上最早的较为可信的历史资料汇编。先秦诸子百家的著作，在征引该书中的句子时，都只是称其为《书》。可见，《尚书》最开始的名称就是《书》。至于《尚书》这种叫法，则应是在西汉时才出现的。多数人认为，"尚书"就是"上古之书"，以"尚"称之，为的是形容该书流传历史的沧桑久远；也有人认为后加的"尚"字应解为"崇尚"，蕴涵着看重推崇此书的意思。

　　《尚书》的作者是上古时代的史官。我国很早就有了完备的史官制度，夏商周三代朝廷中都曾设有记录历史的专官。当时史官记录历史的核心对象就是君主的活动，所谓"君举必书"，"动则左史书之，言则右史书之"，在上古时代漫长的历史时期内，历代史官留下了大量有关君主言行的历史文献。其中记"行"的一类连缀在一起，就成了《春秋》这样的编年体史书，而记"言"的积累起来，则形成了《书》这种史料汇编。故此，早先《书》的篇目本无定数，是不断累积，渐次增多的。

上古时代，《书》作为天子和诸侯贵族们的御用档案文籍，深藏于宫廷中，掌握在史官的手里。自春秋时代开始，因周王室的衰微，《书》亦随之不断散佚丢失。后经孔子尽力补救，将所收集到的零散篇目加以纂辑整理，最终保留下了上起于尧，下至秦穆公的100篇内容。孔子将这些篇目按时间顺序排列汇编，并配以序言，于是便有了《尚书》的第一个定本。因孔子开办私学，传徒授业，他整理出的这部《尚书》也就随之在当时社会中传播开来。到了战国时代，不仅儒家学派将《尚书》奉为儒士必修的"六经"，其他诸子百家各学派也都对《尚书》十分关注。在《论语》、《孟子》、《墨子》、《荀子》、《韩非子》和《吕氏春秋》等著作中，引用《书》中的句子，借以发问立论、阐发思想的例子，比比皆是。据统计，在现存的先秦文献中，对《尚书》中文句的征引，总共多达三百余次。由此可见，孔子所编订的百篇本《尚书》，其流传曾经是相当广泛的。

然而，就是这样一部为当时的知识阶层所熟识和推重的典籍，在秦朝建立之后，却几乎彻底绝迹。公元前221年，秦始皇统一中国后，废弃了周代的分封制，以中央集权的郡县制统治全国。在秦始皇三十四年（公元前213年）咸阳宫的一次宴会上，有博士官周青臣盛赞秦始皇所开创的一统格局及中央集权的郡县制度，但另一名博士官淳于越却指责周青臣谄媚阿谏，并进而对现行的郡县制度大加抨击。秦丞相李斯对淳于越"以古非今"言论甚为不满，将之与社会上对秦政暴虐的批评结合起来，指责诸生蛊惑人心，诽谤朝政，不利于秦朝统治，建议秦始皇取缔私学，销毁民间书籍。此议旋为秦始皇允准，当时天下的文书典籍，遂而突遭一场灭顶之灾。此即历史上著名的"焚书"事件。当时规定："史官非秦记皆烧之，非博士官所职，天下敢有藏《诗》、《书》、百家语者，悉诣守、尉杂烧之，有敢偶语《诗》、《书》者弃世，以古非今者族。吏见知不举者与同罪。令下三十日不烧，黥为城旦。"也就是说，除非是朝廷的博士官，民间之人不仅不许收藏《诗经》、《尚书》及诸子百家的著作，就连偶尔讲论谈及也要遭受刑罚。作为焚书的重点对象，当时《尚书》所经受的搜缴和毁禁无疑是最为彻底而严酷的。次年，替秦始皇寻仙药的方士侯生、卢生逃亡，散布谤言。秦始皇遣人追查，咸阳城之方士儒生互相告发，共有460余人被秦始皇活埋。此即为历史上著名的"坑儒"事件。在这场屠杀中，也无疑有许多专门研习的《尚书》的学者被杀。秦朝灭亡之时，项羽为复家仇国恨，又焚毁了秦都咸阳，这又使掌握在秦朝廷博士官手中的《尚书》也统统被付之一炬。就这样，先前曾广为人知的这样一部要籍，在经历过这一连串浩劫之后，短时间内竟几乎完全地销声匿迹了。

到了汉代，随着社会秩序的重归稳定，民间残存的《尚书》再度开始流传。其传本主要有两个，一为今文本《尚书》，一为古文本《尚书》。最早出现的传本是伏生的今文本《尚书》。伏生名叫伏胜，是山东济南人，古人敬称学者为"生"，故称之为伏生。他原是秦朝的博士官，曾获准拥有一部《尚书》。秦末战乱之际，伏生逃难避乱。临行前，他将《尚书》夹藏在了自己家的墙壁里。至汉初惠帝废除《挟书律》后，伏生回去寻找，仅得到了28篇，其余篇目悉数被毁。于是，伏生便带着这份残本回到了老家，于齐、鲁之间教授学生。到汉文帝时，征求天下通晓《尚书》之人，得知伏生在齐鲁传授《尚书》，便想将其招来长安。但因伏生时已九十高龄，不能入朝，文帝就改派掌故官晁错，直接去伏生家中学习。后来，晁错将伏生的28篇《尚书》全部抄写带回，收进了朝廷的书库。因伏生本《尚书》的第二十四篇，多被时人分为《顾命》与《康王之诰》两篇，故而《史记·儒林列传》、《汉书·儒林传》，又都称伏生本《尚书》为29篇。到汉宣帝时，有河内女子献上《泰誓》一篇，朝廷将该篇亦收入到了伏生本《尚书》之中，作为当时官方的定本。秦代废除六国文字，以赵高、胡毋敬等人，依据秦国文字所制定的"小篆"为标准字体；此外民间还流行着由狱吏程邈创制的更为简化的"隶书"。汉朝以后，隶书成了官方认可的标准字体。伏生所传授的28篇《尚书》，以及民间进献的《泰誓》，都是用隶书抄写的，故而就被时人叫做今文《尚书》，即指用当时通用的文字所抄写成的《尚书》。

另一个传本是汉武帝末年出现的古文《尚书》。据传，当时鲁地的诸侯王刘馀（庙号为"共王"）要占据孔子故居的宅基，以扩建他的宫室，但在拆毁孔家的墙壁时，却发现里面夹藏有数十篇用先秦古字（蝌蚪文）书写的《尚书》、《礼记》、《论语》、《孝经》等典籍。后鲁共王亲登孔子堂，又仿佛听见有"金石丝竹之音"，因而以为是孔子显灵，不敢再拆，并将所得古书交还给了孔家。在这些古书中，《尚书》一部共有45篇之多。时有孔子的十一代孙孔安国通晓先秦文字，对这部《尚书》进行了研读，认定其是上古流传下来的原始版本的《尚书》，并发现其中除有29篇的内容与伏生本大致相同外，还有16篇是今文《尚书》中所没有的"逸篇"。后来，孔安国当上了经学博士，便将之献给了朝廷。这45篇《尚书》是用先秦的古文字写的，故而被时人称作古文本《尚书》。因是在墙壁中发现的，所以也叫做孔壁本，或壁中本。

今文《尚书》与古文《尚书》篇数多寡有别、内容不尽相同，学者们在传习的过程中，各有所尊，互相争论，自然就形成了在研究的理路与方法上彼此对立的两个学派。

今文《尚书》学派，注重在阐扬微言大义，强调依托经文字句以发挥自己的思想，其解说烦琐空疏；古文《尚书》学派，则注重文字训诂，强调考订经文字句的本义以及上古的典章制度。西汉时期，讲授伏生今文《尚书》的主要有欧阳高、夏侯胜、夏侯建三家。汉武帝时期，三者皆得以设立学官，成为国家颁定的研习科目。但古文《尚书》自其出现之后，却一直为朝廷所冷落。西汉末年，刘歆于校对皇家藏书时，见到了古文尚书的"逸书十六篇"，曾上书汉哀帝，请求为之设立学官，但因今文博士们的阻挠反对，终未能如愿。西汉末年的权臣王莽，在篡汉称帝之后，因与刘歆有同僚旧友之谊，故而曾为《古文尚书》设立学官。但在新莽政权覆灭之后，继起的东汉朝廷却又将《古文尚书》的学官予以取消。故此，在东汉一代，今文本《尚书》仍然得以占据官方定本的地位。汉灵帝熹平年间所刻"汉石经"中，就只收录了今文《尚书》。但当时的今文尚书学，已与谶纬之学、阴阳五行之说相结合，而成为一种神秘主义的东西。在"通经致用"的口号下，其完全成了统治阶级玩弄"祥瑞灾异"的迷信伎俩，以服务于其政治阴谋的工具，渐渐失去了学术上的活力。新莽覆灭之后，虽孔壁本的"逸书十六篇"再度失传，但《古文尚书》却并没有因此而重归湮没。东汉初年，儒生杜林在西州得到了孔壁《古文尚书》的一部民间抄本——"漆书《古文尚书》"，其篇数与《今文尚书》相同，也是 29 篇。此后，经卫宏、徐巡、贾逵、马融、卢植、郑玄等学者，相续研习传播这部《古文尚书》，终于使古文学派在学术界取得了优势地位。公元 220 年，曹魏政权取代东汉，开国君主魏文帝曹丕重新为古文《尚书》设立了学官。魏帝曹芳时期的"正始石经"，又以先秦古字、秦小篆、隶书三种字体，刊刻了官方所定古文《尚书》

定本。

公元 265 年，司马炎废魏称帝，建国号为晋，史称西晋。因统治阶级残暴腐朽，内争不断，其国势迅速衰败。至公元 311 年，发生了"永嘉之乱"，晋都洛阳为刘聪、石勒等所率领的胡羯之兵攻破，晋怀帝被俘。这一事件后，晋朝在中原的统治全面崩溃，政权南迁到了江南地区，史称东晋。在这场变乱动荡之中，晋朝官方所藏今文《尚书》与古文《尚书》的各种传本都全部亡佚。

此后到东晋元帝之时，又有豫章内史梅赜，将一部据称是由西汉孔安国作传注释的《古文尚书》，进献给朝廷。东晋朝廷对此书颇为重视，很快便将其立于学官。这部《尚书》共有 58 篇，其中有 33 篇的内容与《今文尚书》的 29 篇基本相同，只是从个别的篇目中，又另析出了若干篇。至于其余 25 篇，自宋代以来，不断有学者提出其是后人伪造的，故而学界又多称之为"晚书"。公元 589 年，隋朝攻灭南陈，统一天下。为统一南北经学，隋朝廷废弃北朝流行的郑玄传本《古文尚书》，而以该《孔传古文尚书》为定本。唐朝建立后，太宗李世民命孔颖达等编纂《五经正义》，对于《诗》、《书》、《礼》、《易》、《春秋》这五部儒家经典，颁布了由国家认可的经义解释，并以之作为科举取士的标准。而其中《尚书》一经也是以梅赜的献书为定本。最初，这部《孔传古文尚书》是以一种名为"隶古定"的仿古字体书写的。东晋末年，范宁曾经将其改写为楷书，但并未流传开来。到唐天宝年间，唐玄宗因觉得这种字体不便于阅读，命学士卫包以楷体字改写《孔传古文尚书》。武宗开成年间，这一楷字本作为官方定本，被刻入"唐石经"之中。此后，五代及宋以后所有的《尚书》刻本都无不承自"唐石经"，一直到清代的《十三经注疏》，这部后出的《孔传古文尚书》始终都被作为《尚书》的官方定本。

《尚书》的内容

《尚书》全书以朝代为序编排，共分《虞书》、《夏书》、《商书》、《周书》四个部分。各部分内之篇目，也基本上是以所记史事的时间先后来排列。其篇目有典、谟、训、诰、誓、命等六种基本的体式，即六类作用不同的文献。"典"是重要政事经过或某项专题典要的记录；"谟"是君臣商讨大事的对话；"训"是臣下劝谏君主的话；"诰"是君主告诫教导臣下之语；"誓"是君主战前对军队和民众的誓词；"命"是君主委任官员或嘉奖臣下的册命之辞。

今存《尚书》58 篇之中，属于《今文尚书》的有33 篇，其中《虞书》有 4 篇，《夏书》有 2 篇，《商书》有 7 篇，《周书》有 20 篇。从这些篇目的内容来分析，《虞书》、《夏书》、《商书》，多应是周代史官依据古往的文献材料整理追记而成的，而《周书》则大都是时人对时事的直接记录。其具体篇名及大致内容如下。

《尧典》：追述了上古帝王唐尧，勤政爱民的治绩及其大公无私，将帝位禅让给舜的美德。

《舜典》：该篇是从伏生本《尧典》析出来的，追述了舜在位时期，巡行天下，绥服蛮夷、制礼作乐、统一度量衡、修明法度、惩处凶暴、选贤任能，以使天下大治的功绩。

《皋陶谟》：帝舜晚年曾与皋陶、禹、益、稷等群臣，举行过一次探讨如何继承尧的传统，以治理国家的政事会议。该篇主要记述的就是皋陶在这次会议上的发言，探讨的是君主考察臣下贤愚，做到知人善任的方法，以及民生的安乐与否对于国家兴亡的意义等问题。

《益稷谟》：该篇是从伏生本《皋陶谟》析出来的，主要记述的是大禹、益、稷、皋陶、夔等辅佐帝舜，在消除水患、发展农业、制礼作乐、修明刑罚等方面所取得的政绩。

《禹贡》：舜年老后，遵依尧的先例，将帝位禅让给了禹。禹即位后，根据治水时的勘察结果，将天下分为九州。该篇记述了禹所定九州的地理位置、山川分布、物产民俗等情况。

《甘誓》：禹死后，其子启破坏了禅让传统，继其父为君，并出兵讨伐对其不满的有扈氏。该篇是两军将于甘之野决战时，启以刑罚威吓全军，胁迫将士出力作战的誓词。

《汤誓》：夏朝末年，夏君桀暴虐无道，商族之君汤起兵伐之，在鸣条之野击败夏桀，将其流放到了南巢，建立了商朝。该篇是汤在鸣条之战前，宣告夏桀的罪孽，说明讨伐夏朝的正义性，以鼓舞全军士气的誓词。

《盘庚上、中、下》：由伏生本之一篇析为三篇，是商王盘庚为排除阻力，迁都于殷，而向群臣申明赏罚，对百姓说服抚慰的训词。

《高宗肜日》：记述的是贤臣祖己劝导商王祖庚爱惜物力，节省对高宗武丁的祭祀开支的言论。

《西伯戡黎》：记述的是在周文王崛起，攻灭殷商的属国黎之后，大臣祖伊批评纣王贪图逸乐，劝诫其振作补救的言论。

《微子》：在殷商灭亡前夕，纣王的庶兄微子携带先王的灵位出逃。该篇记述的是微子临行时，前往征求大臣父师、少师的意见，与他们一起分析时局的对话。

《牧誓》：周文王死后，其子周武王姬发起兵伐商，在牧野之战击败纣王，灭掉商朝。该篇是周武王于临战时，向全军将士宣布纣王的罪行，申明战场纪律，进行战斗部署的誓词。

《洪范》：武王灭商后，将纣的叔父箕子带回镐京，虚心向其请教治国之道。该篇记述的就是箕子向武王讲解"洪范九畴"，即政治、经济、文教领域内的九方面治国宏规的言论。

《金縢》：周武王死后，其弟周公旦摄政，辅佐武王之子成王。后来，成王因听信流言，一度曾对周公存有疑心。但当他见到了"金縢"中所封存的，武王病笃时，周公向上苍起誓，祈求代武王而死的祷词后，内心深感愧疚，终于同其叔父重归于好。该篇是当时史官对这件感人史事的生动记录。

《大诰》：武王讨灭纣王之后，曾将殷商之民交由其弟管叔、蔡叔，及纣王之子武庚来管理，称为"三监"。周公摄政之后，管叔、蔡叔污蔑周公篡权，联合武庚起兵作乱，东方的淮夷徐奄国也反叛周朝。周公发动东征，在外转战三年，方才平息。该篇是周公东征前，布告于天下诸侯，说自己卜得吉兆，必能平息叛乱，以完成文王、武王的未竟事业的训词。

《康诰》：周公平息了东土的叛乱之后，将管叔、蔡叔的辖境设为卫国，封授给其弟康叔管理。该篇即是周公教导康叔，兼用德政与刑罚来治国理民的训词。

《酒诰》：是周公向康叔讲解过度饮酒对国政的诸多危害，告诫其以身作则，督导劝禁臣民酗酒的训词。

《梓材》：是周公教导康叔，如木匠雕琢修饰木材一般，勤于讲求治国之道，体察民众疾苦，尽心辅弼王室的训词。

《召诰》：周公摄政七年后，在洛邑兴建东都成周，以备归政于成王。该篇是当时召公告诫成王，在亲政以后，应当效法周公，以夏商两代兴亡的经验教训为鉴，力行敬德爱民的仁政，以使上苍永远眷佑周朝的训词。

《洛诰》：新都建成以后，周公回到西都镐京，归政于成王。在行将赴东都成周亲政时，成王曾经向周公叩问治国之术。周公因之教导成王，要用礼法来管理百官、诸侯，以使之听命效力。该篇记述的是当时两人之间的对话。

《多士》：为避免商族再度反叛，周公将许多不甘服从的殷商"顽民"迁来成周安置，以便监视。该篇即是周公向"顽民"们宣讲周朝取代商朝，是昊天上帝的意愿，劝导其改过迁善，服从王室的训词。

《无逸》：是周公于成王亲政之初，告诫其不能贪图逸乐享受，应当以商的太戊、武丁、太甲及其祖父文王这四位贤君为榜样，体察民众经营农事的艰难苦辛，勤于治国理政的训词。

《君奭》：周公还政于成王之后，仍留于朝中担任太师之职，召公奭怀疑周公贪恋权位，曾对其表示不满。该篇记述的是周公向召公坦言自己担心国家根基未固，因而继续留于朝中辅政的本心，以期消除召公疑虑的言论。

《多方》：周公归政的第二年，淮夷徐奄国再度叛乱，成王亲征，将其镇压之后，在西都镐京，大会天下诸侯。此篇即是周公代表成王，向原殷商的遗民及属国，重申周朝灭商是天命所归的道理，告诫其顺从周王室的统治，要求四方诸侯彼此协和，同享太平的训词。

《立政》：周公归政之后，恐成王不能持久施行善政，故教导成王，要其效法禹、汤、文、武的立政方针，谨守仁德，任人唯贤，断狱公允，慎用刑罚。该篇记述的即是当时周公的训词。

《顾命》：周成王死后，召公、毕公奉成王临终遗命，率领诸侯，拥立成王之子周康王姬钊为天子。该篇是当时史官对这一事件始末经过的记录。

《康王之诰》：是周康王在即位典礼上，布告于天下诸侯的，要其效忠王室的诏命。

《费誓》：周成王初年，徐戎、淮夷强大，袭扰周的东部诸侯。周公之子伯禽受封鲁侯，作为周王室的"方伯"（一方诸侯的领袖），率附近诸侯之兵前往讨伐戎、夷。该篇是伯禽率兵行至费地时，号令全军整备兵械，储备粮草，申明行军纪律的誓词。

《文侯之命》：西周末年，周幽王宠爱嬖妾褒姒，废申后，驱逐太子宜臼。申侯联合犬戎攻破镐京，杀死幽王之后，晋文侯与郑武公拥立宜臼为天子，即周平王。该篇是周平王为答谢晋文侯的定策之功，赐其秬鬯之酒、圭、瓒、彤弓矢、卢弓矢、马匹等器物，任命其为"方伯"时的诏命。

《吕刑》：西周中叶，周穆王曾命大臣吕侯制定的一部法典，包含"五刑"、"五罚"、"五过"等处罚条款，并设赎刑，准许贵族交纳"锾金"抵罪。该篇记录的就是这部法典的内容。

《秦誓》：春秋时期，秦、晋两国同时崛起，互争雄长。周襄王二十六年（公元前 626 年），乘晋文公去世之机，秦穆公不顾群臣谏阻，遣兵攻打郑国，结果秦军于回师途中，在殽之地为晋襄公之兵全歼。该篇就是秦穆公在此战之后，主动向群臣承认自己的过错，表示以后要信用贤能，从谏如流的誓词。

此外，尚有属于"晚书"的 25 篇，其中《虞书》

有 1 篇,《夏书》有 2 篇,《商书》有 10 篇,《周书》有 12 篇。如前所言,后人一般认为这 25 篇是伪造的,但从内容上来看,其无疑也是后世学者依据残存的"逸篇"资料,辑佚转述而成的,同样是重要的史料文献。其具体篇目与大致内容如下。

《大禹谟》:讲的是大禹在帝舜与诸臣的政事会议上的建言。

《五子之歌》:夏启死后,其子太康即位,因贪恋狩猎逸乐,其国为有穷氏的后羿所篡。该篇记述的是太康的五个弟弟,引述先王的训词、功业,批评抱怨太康失道的言论。

《胤征》:夏朝时,自尧舜以来世代以修订历法为务的羲氏、和氏,因酗酒而败乱职事,夏君仲康于是遣胤侯前往征讨。该篇是胤侯宣告羲氏、和氏的罪行,勉励全军将士奋勇作战的誓词。

《仲虺》:成汤灭夏班师,途经大坰时,忽然感到自己推翻夏桀的做法,可能会成为后世不忠之臣发动叛乱的借口,对此深表忧惧。该篇记述的是大臣仲虺劝慰成汤,赞颂其尊贤爱民的美德,劝其遵行天道,以永保天命的言论。

《汤诰》:是成汤回到商都亳之后,向天下宣告自己替天行道,讨灭夏桀的功绩,并安抚各处方国,以使其服从商朝的诏命。

《伊训》:商汤去世之后,其孙太甲即位,由伊尹辅政。该篇记述的是,伊尹在太甲登基时的祭祖典礼上,总结夏亡商兴的经验教训,教导其爱敬亲长,效法先王，举用贤能，以刑罚整肃百官风纪的训词。

《太甲上、中、下》：太甲即位之后，行为放浪，不守居丧之礼。伊尹见屡劝不改，便将太甲流放至桐宫，使其守孝思过。后太甲改过自新，伊尹又将其接回亳都复位。这三篇记述的就是这一事件中伊尹和太甲所说过的话。上篇所记，是伊尹在流放太甲之前，劝说其亲近贤臣，遵守礼法，以俭朴为德的言辞。中篇记述的是伊尹接太甲回亳都时，太甲向伊尹表示悔过，伊尹安慰勉励太甲的对话。下篇是伊尹向太甲讲授天命民心向背无常的道理，告诫其敬天爱民，修明德法，始终以"道"为君臣之行为准绳的言论。

《咸有一德》：记述的是伊尹致仕还乡之时，劝教太甲要持之以恒地砥砺品行，选用贤臣，上下同心，施行德政，以实现国家长治久安的训词。

《说命上、中、下》：商王武丁即位后，梦见上天赐给他一位贤臣，后命人将梦中所得贤臣画成图案寻找，终于得到了贤相傅说。这三篇就是对这一史事的追述。上篇所记，为武丁因梦而寻得贤臣的经过，以及在任用说为相时，命令其尽心辅政的训词。中篇所记，是说上任后，献与武丁的戒除逸豫、选贤与能、简洁祭祀等治国纲领。下篇所记，是武丁夸赞说的贤能，而说又谏请武丁勤习先王的古训、成法的对话。

《泰誓上、中、下》：凡三篇，分记牧野之战以前，武王对其所率领的反商联军的三次誓词。其上篇是武王二年（前1045年），姬发于孟津检阅军队，公开反商时，向全军揭露纣王荼毒人民，残害忠良，贪图淫乐，不敬神明祖先的斑斑劣迹的誓词。其中篇是武王四年（前1043年），姬发率军伐商，在将要渡过黄河时，援引成汤推翻夏桀之事，申明伐纣战争的合理性、正义性，以"天听自我民听，天视自我民视"的口号，鼓舞全军士气的誓词。其下篇是周军渡过黄河后，姬发再度抨击纣王的无道，以文王的恩德威望，来激发将士斗志的誓词。

《武成》：周武王灭商之后，回到位于丰地的周庙，大会天下诸侯，举行祭祀典礼，将讨灭暴君纣王的武功昭告于天下。该篇记述的就是当时武王对与会的诸侯，讲解商亡周兴的道理，宣布自己所施行的德政纲领的训词。

《旅獒》：武王克商之后，四周方国纷纷来朝。西戎地区有一个叫旅的小国，贡于武王一只巨大的獒犬。该篇记述的是太保召公，劝诫武王不能贪求远方的奇兽珍宝，玩物丧志，而应该以贤臣为国家之宝，以爱惜民力的德行使域外之人诚服的言论。

《微子之命》：周公平定了纣王之子武庚的叛乱后，在殷地封设了宋国，任命微子为其君，以作为商的宗主。该篇是周公申命微子，抚绥所辖殷商遗民，使之世代服从周王室命令的诏命。

《蔡仲之命》：蔡叔谋反失败后，被周公放逐到了郭邻。蔡叔死后，周成王重将其子蔡仲封为诸侯。此篇即是成王要求蔡仲，以其父蔡叔之失为鉴，遵守文王的调教，明德爱民，亲睦邻国，以屏藩王室的诏命。

《周官》：是周成王讨灭淮夷之后，于丰京祖庙，向群臣宣讲周王朝的各方面政治制度及用人原则，号召群臣勤于职守，推贤让能，不贪图富贵淫乐的诏命。

《君陈》：周公去世以后，成王命大臣君陈接替周公，管理东都洛邑的殷商遗民。该篇是周成王勉励君陈要以周公为榜样，不谋私利，效忠王室，勤于政务，施行仁德，惩恶扬善，断狱公平，从而教化殷民向善的诏命。

《毕命》：是周康王派遣太师毕公前往成周理政时，要求其以奖善惩恶的方式，革除当地殷商遗民阿谀辩口、奢华浮靡的旧俗，从而完成周公的夙愿，使殷民同化于周人的诏命。

《君牙》：是周穆王任命君牙为大司徒时，勉励其继承其父祖效忠王室的家风，恪尽职守，以身作则，导率人民遵守法纪的诏命。

《冏命》：是周穆王任命伯冏为太仆正时，要求其妥善管理宫廷中的仆从侍御之臣，革除奸佞谄媚之风的诏命。

往代学者对《尚书》的研究

《尚书》语句艰深难明，唐代学者韩愈就曾在其《进学解》一文中，以"周诰殷盘，佶屈聱牙"来感慨《尚书》的难读。《尚书》中所使用的语言，是三千多年以前上古华夏族语言的岐周方言。随着时代的变迁，人们所使用的语言在不断改变，与《尚书》中的上古语言间的差距越拉越大。如此一来，后人也就自然会觉得《尚书》的语句难以理解，让人捉摸不透。上古缺乏文字规范，一字数用，同音假借的现象很多，后人在传抄时，也常有脱字错字、残缺颠倒、篡改讹误等现象。这些都使本已难懂的《尚书》文句变得更加的朦胧晦涩。正因为如此，古代《尚书》研究的最初工作，就是对《尚书》文句的注解。

两汉时期，今文尚书学注重借经文语句来阐发"微言大义"，对于原文本身则不求甚解，而古文尚书学则始终是强调对原文词句本音本义的解读。首开为《尚书》作注之风的，是东汉时期的古文学派，先后出现了卫宏的《古文尚书训旨》、徐巡的《尚书音》、贾逵的《古文尚书训》、马融的《古文尚书传》、卢植的《尚书章句》、郑玄的《尚书注》等多部力作。其中郑玄注博采众长，他在经文上除继承了杜林本外，还引到了一些"逸十六篇"的资料；在经说上，沿袭了卫、贾、马所传承的杜林古文之学，也兼采部分今文之说及一些谶纬资料，所以郑玄成了以古文为主体的汉代经学的集大成者，最为时人所推重，到了曹魏西晋时期，他的学说得以被列为官学。曹魏时期的王肃，也曾作《尚书注》，凭借其国戚的身份，他的学说也被列入学官之中，得以同郑注分庭抗礼。然而，至西晋灭亡以后，因受战乱影响，除郑注仍在北朝流行外，其余各家注释尽皆失传。东晋梅赜献出之《古文尚书》，有假托西汉孔安国所作的"书序"和《舜典》以外的57篇经文的"传"，这些"传"就是对《尚书》字句内容的注释解读。隋朝统一南北经学，废弃了郑玄注本，而以梅赜的"伪孔传本"为正说。唐代颁定《五经正义》时，孔颖达撰写了《尚书正义》，对伪《孔传古文尚书》的经文和"传"重新做了更为详细的注解。宋代又将"孔氏传"作为注，将唐代的"正义"作为疏，合刻为《尚书注疏》。后此书于明清时，被收入到了《十三经注疏》之中，以后始终作为《尚书》注解的官方定本。

东晋以来，《孔传古文尚书》作为官方的定本，在所有儒士心目中，一直是无可置疑、完美无瑕的经典。但从宋代开始，不断有学者开始质疑这部《尚书》的真伪。北宋末年吴棫作《书裨传》，首先对《孔传古文尚书》提出质疑。到了南宋，理学宗师朱熹，在其各类文集中，亦留有四十余处怀疑《孔传古文尚书》的话。朱熹的弟子后学们的著作，也多有怀疑《孔传古文尚书》者。如蔡沈的《书集传》，即对 33 篇今文与 25 篇"晚书"做了严格的区分。两宋时代学者对《孔传古文尚书》真伪的怀疑，主要是依据原书各篇之间，在字句理解难易程度上的巨大差别而提出的。他们指出，在《孔传古文尚书》中，与《今文尚书》相同的 33 篇，其字句艰深古奥，不易理解，而今文中所没有的那 25 篇古文，却是文从字顺，可以毫不费力地断句识读。此外，这部尚书的"书序"和"传"，在语言风格上也显得细腻柔弱，全不似西汉时代粗犷刚健的文风。故此他们认为，25 篇晚出古文，以及"书序"和"传"似乎应该都是魏晋时代的人所伪造的。此后，元代的吴澄亦对《古文尚书》持怀疑态度。在他的《尚书纂言》中，即只对今文 33 篇做了注解，而将另 25 篇古文排除在外。到了明代，学者们的疑辨，已不再停留于文字难易的区分之上。梅鷟在其《尚书考异》中，首创用文献、史实上的例证，来辨伪《古文尚书》的方法。清初阎若璩又将这一方法发扬光大，潜心研究 20 余年，写成了《尚书古文疏证》一书，通过广泛搜集先秦两汉文献中的例证，分析 25 篇古文及"孔传"在史事上的种种矛盾之处，共分 128 条，全面地考辨了《孔传古文尚书》的作伪痕迹。虽然同时代的大学者毛奇龄曾撰《古文尚书冤词》，为古文尚书辩护，但阎若璩的研究，还是以其证据的丰富而为多数人所接受。故此，至今学者亦多认为这部《古文尚书》，应是后世之人伪造了 25 篇古文，并拆分今文 29 篇为 33 篇，将两者合在一起，又假借孔安国之名作序作传，而伪造出来的。至于作伪者究竟是何人，学界并无定说，或以为是王肃、或以为是皇甫谧、或以为就是献书的梅赜。

继《古文尚书》真伪疑辨问题之后，清代中叶《尚书》研究的重点，又转移到了对其文本错乱的校勘考释上。以王鸣盛、段玉裁、王念孙、王引之、孙诒让、吴汝纶为代表的一批学者，从语言、字形、训诂、语汇、语法等方面着手，对古今《尚书》的文本做了全面的剖析，在《尚书》的句读，以及疑难字句的解释问题上，取得了巨大的成就。到了近代，在西方学术的影响下，以王国维、杨筠如、于省吾、顾颉刚、郭沫若、杨树达为代表的一批学者，彻底摆脱了经学的窠臼，以"双重证据法"为工具，运用甲骨文、金文等出土文献资料来检验和解读《尚书》，深入挖掘其所蕴涵的上古历史与文化，最终结束了《尚书》的经学时代，而将其引入到了我国上古文明研究的广阔领域之中。

四　《尚书》的历史文化意义

《尚书》这部宝贵的历史文献汇编，对于我国上古时代历史的解读具有不可替代的重要意义。

中国最早的编年体史书《春秋》，其叙事的上限只是在鲁隐公元年，即公元前722年，至于夏、商、西周三代，乃至唐尧、虞舜的历史，就只有在《尚书》中才有直接的记载。在这里，人们不仅可以看到王朝的兴衰交替、人物的功过言行、制度的因革损益，也可以看到当时人们的生存环境、生产方式、生活状况。如《尧典》，既记录了尧命羲和观察天象，制定历法的事迹，也描述了四季中鸟兽的特征及人民的各种活动。再如《禹贡》，不仅记录了大禹治水，分设九州的伟绩，也记述了当时山川江河的分布，各地的物产、人民的习性等情况。上古时代家庭、族群、阶级等层面的社会关系的状态，在《尚书》的内容中也皆有体现。如《尧典》中对舜与其父瞽、后母、异母弟象之间关系的记载，生动地展现了我国氏族社会晚期的父系家庭公社的状况。如《多士》、《多方》中周公对"殷顽民”的训诰，真实地记录了周族与商族、与淮夷之间复杂的族群关系。如《甘誓》中夏启恫吓众人的“弗用命，戮于社，予则孥戮汝”之语，清楚地展现了军事民主制的尧舜部落联盟为奴隶制的夏王朝所取代后，平民社会地位的急剧下降。如《费誓》中关于军队中有“臣妾逋逃”、“诱臣妾”现象的记载，也体现了西周初年家长奴隶制的盛行。

《尚书》在思想上的意义尤为重要。作为中国两千多年封建社会主流意识形态的儒家学说，其伦理思想、政治思想的上源就是《尚书》。《孟子》、《大学》中提出的“修身”、“齐家”、“治国”、“平天下”，是古代儒士所标榜向往的完美人生追求。而这很明显就是从《尧典》的“克明俊德，以亲九族，九族既睦，平章百姓，百姓昭明，协和万邦”这段对帝尧德行的赞美之词中提炼出来的。“民本”是后世儒家政治思想的中心理念，其也可以在《尚书》中找到原型。《皋陶谟》中的“天聪明自我民聪明，天明畏自我民明威”，即体现了对民意力量的敬畏。《汤誓》中，商汤直接以桀“率割夏邑”作为自己起兵的理由，已将民心向背定位为君权存灭的依据。《泰誓》中的“抚我则后，虐我则仇”，更肯定了人民反抗压迫的权力。《召诰》中的“王其德之用，祈天永命”，又明确地将善待人民，看做是统治稳固的前提。儒家“仁政”的施政主张，就是直接由这种“民本”意识中生发出来的。“礼”也是儒家政治思想的核心要义之一。在古代社会其主要体现为反映等级的典章制度和礼仪规范，即礼制。《尚书》中，明晰地记录着上古时代礼制的形成过程与状态。如《舜典》中记述了舜制定服色、设五刑、作乐舞的事迹。《周官》中介绍了西周王朝的职官制度。《顾命》中描绘了周王登基与司丧时的礼仪。这一切，不仅为后世的儒生们所艳称乐道，历代王朝也多从中有所取法借鉴。在治国理念上，儒家倡导以德治国，即以伦理道德为依托，将"人治"与"法治"结合起来。这种思想，恰恰也就是源于《康诰》中的"明德慎罚"。服务于其德治主张，在官员的选授机制上，儒家的政治学说倡导"为官择人"、"唯才是举"。这些主张的思想源头，也同样是在《尚书》之中。如《周官》中就有"推贤让能"、"举能其官"之语，《立政》中更提出了"宅事"、"宅牧"、"宅准"这三项考察官员政绩的指标。后世历代封建王朝所实行的"察举制"、"九品中正制"、"科举制"等用人制度，以及考核官员的形形色色的考课制度、上计制度，无不都是对《尚书》中原则的积极践履。

《尚书》中的哲学思想对后世也有深远影响。我国古代朴素唯物主义哲学思想的基础——"五行"，即以金、木、水、火、土五种基本物质的相互作用来解释自然现象、社会现象的思想，就是源自于《洪范》。《尚书》中与战争相关的诸篇誓词，也包含着上古时代人们对战争的性质、作用的认识，以及在政治动员、战前谋划、形势分析、战场纪律、战术运用等各个方面宝贵的军事思想。

从语言学、文学的角度来看，《尚书》也具有十分重要的意义。《尚书》中保留着上古时代华夏族的语言使用的原初状态，这对于后人把握古代汉语语音、词汇、语法各方面的流变过程具有重要作用。《尚书》还是现代汉语成语的主要来源之一。约有数十条《尚书》中富于感染力的佳言警句，仍然活跃于今人的言谈话语之中。如"巧言令色"出于《皋陶谟》、"咸与维新"出于《胤征》、"有条不紊"出于《盘庚》、"多才多艺"出于《金滕》、"有备无患"出于《说命》、"玩物丧志"出于《旅獒》、"满招损，谦受益"出于《大禹谟》、"天作孽犹可违，自作孽不可逭"出于《太甲》等等。

《尚书》堪称中国文学史上的第一部散文集，为后世的散文创作提供了丰富的营养。《尧典》最早提出了"诗言志，歌永言"的文学创作目的论，其对尧舜功德的述说，既有事实的感性特征的直接描绘，又有理性特征的抽象概括，这是中国散文创作采用总分式的记事结构和夹叙夹议的写作方法的最早尝试。在《尚书》中，比喻、引用、排比、对偶等修辞手法的运用也已十分纯熟。如《梓材》中，以匠人雕琢木材来强调治理国政要勤勉细心，再如《大诰》中，将为治国寻求人才比作"涉渊水"，将对殷商的讨伐，比作"穑夫终亩"，即农夫拔除田间的杂草，都能将说理议论的言辞富于感情化、形象性地表现出来。

总而言之，《尚书》承载着我国上古时代辉煌的历史与灿烂的文化，是鉴证华夏文明源头的重要典籍，具有无可估量的历史文化价值。了解《尚书》，对于认识华夏数千年文明发展的各个层面，都有着重要的启发意义。

（北京师范大学历史学院　金鑫博士）

《诗经》

　　在特定的社会条件及自然条件下，每个民族都会形成独特的思维习惯、认知方式和思想特点，反映到文学中，便产生了各民族独特的文学。中国文学源远流长，在我们祖先生活的最原始阶段，在生产劳动、祭祀活动等的过程中，文学也随之而产生。最早的文学形式是与音乐和舞蹈编在一起的歌谣，《诗经》就是这种歌谣的流传物，由于缺乏必要的记音手段，我们现在只能看到歌词，其音乐却没有流传下来。中西社会、文化差异很大，但在文学的起源上却有着相似性，中西文学都源起于诗歌。诗歌是表现人类情感的最合适的方式，语言的节奏与心灵的内在节奏的契合使得情感的抒发自然而真挚。与《诗经》大体属于同时代的古希腊的《荷马史诗》，是完全的叙事诗，它奠定了西方文学以叙事传统为主的发展方向，而《诗经》确定了中国文学以抒情传统为主的文学基调。《诗经》是我国文学的光辉起点，它的出现以及它的思想性和艺术成就，是我国文学发达的标志。今天，我们解读文学遗产，就是认识文学艺术的美，揭示它

的精神实质，继承民族优秀的传统，为未来的新文化
建设做准备。

 题解

《诗经》是我国最早的诗歌总集，这一集子收录了
自西周初年至春秋中叶五百多年的诗歌 311 篇，先秦
称为《诗》，也有人取其整数称之《诗三百》。西汉
时，儒家思想取得了独尊的地位，《诗》因为被认为是
经过孔子整理而被冠以"经"的地位，自此以后称为
《诗经》，并沿用至今。

《诗经》中的诗其实是配乐而唱的歌词，它与音
乐、舞蹈结合在一起，这是当时诗歌的重要特点，它
不仅是人们抒情达意的方式，而且还用于祭祀。但在
长期的流传中，乐谱和舞蹈失传，我们现在看到的就
只有歌词了。《诗经》所录诗歌多来自民间，部分为当
时的公卿、士大夫，流传下来的作品都没有标出作者，
作者绝大部分已经无法考证。

《诗经》作品所涉及的地域，主要是黄河流域，它
产生于今天的陕西、山西、河北、河南、山东及湖北
等地。《诗经》的作品虽然地域跨度大，反映的时间也
很漫长，但分类整齐，这显然是经过有意整理的。关
于《诗经》的收集和编选，主要有采诗和孔子删诗的
说法。

《史记·孔子世家》载："古者诗三千余篇，及至
孔子，去其重，取可施于礼义……三百五篇，孔子皆

弦歌之，以求合翻武雅颂之音。"《汉书·艺文志》说："孔子纯取周诗。上采殷，下取鲁，凡三百五篇。"孔子删诗的说法反映了当时作品数量的丰富，而且还表现了孔子"无邪"的选诗标准，历代不少人都遵从这一说法，但也有些人对此提出异议，如唐代孔颖达、宋代朱熹、明代朱彝尊、清代魏源等，他们的异议也并非没有根据。根据《论语》中孔子所说："吾自卫返鲁，然后乐正，雅、颂各得其所。"孔子极有可能参加过《诗》的编纂。

《汉书·食货志》曰："孟春之月，群居者将散，行人振木铎徇于路，以采诗。"《汉书·艺文志》载："古有采诗之官，王者所以观风俗，知得失，自考正也。"在交通不便、语言各异的情况下，如果不是官方有意地进行采集和整理，单凭个人的力量，要产生这样一部诗歌总集是不可能的事情，而且通过采集了解民情在当时也是一种行之有效的下情上达的方法。现在通常认为《诗经》为各诸侯国协助周朝朝廷采集，之后由史官和乐师编纂整理而成。

经过秦火后，汉武帝起儒家将《诗经》奉为经典。《诗经》至汉而复传，当时传诗的主要有四家，齐人辕固所传的叫《齐诗》，鲁人申培所传的叫《鲁诗》，燕人韩婴所传的叫《韩诗》，鲁人毛亨所传的叫《毛诗》，前三家立于官学。四家解诗，多有不同。自从东汉郑玄给《毛诗》作笺后，学习《毛诗》的人渐渐增多，其他三家因此衰落，最后亡佚。历代解《诗经》者颇多，较好的有宋朱熹《诗集传》，清王夫之《诗经俾疏》、马瑞辰《毛诗传笺通释》、王先谦《诗三家义集疏》等。历史上对《诗经》的解读不一定像我们一样从文学的角度来理解，他们更多的是把它作为儒家的经典来看待，"经夫妇，成孝敬，厚人伦，美教化，移风俗"，达到治理人伦的目的。

 ## 《诗经》的体例和分类

关于《诗经》中诗的分类，有"四始六义"之说。"四始"指《风》、《大雅》、《小雅》、《颂》的四篇列首位的诗。"六义"则指"风、雅、颂，赋、比、兴"。"风、雅、颂"是按音乐的不同对《诗经》的分类，"赋、比、兴"是《诗经》的表现手法。"风"包括了 15 个地方的民歌，叫"十五国风"，有 160 篇，是《诗经》中的核心内容。"风"的意思是土风、风谣。"雅"是正声雅乐，分"大雅"、"小雅"，有诗 105 篇，其中大雅 31 篇，小雅 74 篇。"雅"是"王畿"之乐，雅有"正"的意思，当时把王畿之乐看做是正声——典范的音乐。大雅和小雅可能是根据年代先后来分，也可能根据音乐特点来分。"颂"是祭祀乐歌，分"周颂"、"鲁颂"、"商颂"，有诗 40 篇，它是专门用于宗庙祭祀的音乐，《毛诗序》说："颂者美盛德之形容，以其成功告于神明者也。""赋、比、兴"则是《诗经》的表现手法，它的广泛运用对后世文学产生了深远的影响。

《诗经》的思想内容

《诗经》题材内容多种多样，有的写政治、农事、狩猎、行役、战争、宴饮、祭事、歌舞；有的写爱情、婚姻、民俗，而且形象极为生动，美妙动人。《诗经》以生动优美的创作开启了中国古典文学辉煌的开端。同时，它又是一部百科全书，反映了社会的各个方面，具有很强的现实主义精神，这不仅在"十五国风"中表现出来，而且在《雅》、《颂》等官方有意制作的作品中，我们仍然可以看出当时的实际状况及周人祖先的奋斗历程，是我们了解古代社会和古代文明的一把钥匙。

1. 周民族的史诗

史诗是叙述英雄传说或重大历史事件的古代叙事长诗，多以古代英雄歌谣为基础，经集体编创而成。史诗是人类最早的精神产品，对我们了解上古人类社会具有重大意义，荷马《伊利昂记》、《奥德修记》与我国藏族《格萨尔王传》等是影响广泛的作品。在《诗经》的《大雅》里，集中保存了 5 首古老的民族史诗。它们是：《生民》、《公刘》、《绵》、《皇矣》、《大明》。这些作品是传唱于周初的最古老诗篇，它们记述了从周始祖后稷到武王灭商兴周的史迹和传说，展现出远古历史的珍贵画面。

《生民》描述了周始祖后稷神奇非凡的诞生，其母"履帝武敏歆"，踩上帝的足印遂感而生子。它叙述了周始祖后稷的诞生和发明农业的历史，反映了周人是一个较早从事农业生产的民族。后稷出生后异常聪慧，长于农事，"艺之荏菽，荏菽旆旆。禾役穟穟，麻麦幪幪，瓜瓞唪唪"，最终率部安居，祭祀上帝，使子孙繁衍，氏族繁荣，作品描写后稷出生的那一段极富浪漫主义色彩，"诞寘之隘巷，牛羊腓字之。诞寘之平林，会伐平林。诞寘之寒冰，鸟覆翼之。鸟乃去矣，后稷呱矣"。诗中对后稷的描写其实是对本民族勤劳、智慧的颂扬，也表现了周民族对农业的热爱与敬仰。

《公刘》和《绵》，则分别记述了周人早期的两次民族大迁移。一次是在远祖公刘的率领下，因避西戎的侵扰而从邰至豳，他率领周人营建都邑，拓垦土田；另一次是由周文王的祖父古公亶父率领，为寻求肥美的土地而从自豳迁到岐山之下的周原，使得周民族艰苦创业、由小而大，兴旺发达、绵延不绝。《皇矣》、《大明》分别颂歌了周文王伐密、伐崇的胜利和武王伐商的辉煌胜利。从《生民》到《大明》5篇作品，其实是一组史诗，它以简朴的线条为我们勾画了周民族发祥、创业、建国、兴盛的历史痕迹，无愧为周民族的英雄史诗。我国古代留传下来的真正的史诗少得可怜，这一组诗史在中国文学史上显得尤其珍贵。

2. 祭祀与怨刺诗

祭神颂神是古代社会普遍的信仰和活动，《诗经》所反映的先秦时代也特别重视祭祀，古人认为"国之大事，惟祀与戎"。农业是国家的根基，周初的统治者极为重视农业生产，一年的农事活动开始时，天子亲率公卿大臣到郊外开展仪式，都要举行仪式，祈雨、祈谷，祈求上帝赐丰收，秋后，还要举行隆重的祭礼，庆丰收，谢神灵。《诗经》中的《臣工》、《噫嘻》、《丰年》、《载芟》、《良耜》等作品，写祭事，也反映了古时耕耘、播种、收获、贮藏以及有关的礼俗和农田管理制度等。如《丰年》："丰年多黍多稌，亦有高廪（米仓），万亿及秭（十亿）。为酒为醴，烝畀祖妣。"反映了西周大规模农耕生产和当时农业社会所特有的"籍田"、"秋报"之礼。这些诗篇在庄肃凝重的宗教信仰氛围中，表现出周人对于国家兴旺、和平稳定、生活幸福的憧憬，真实地记录了先民的宗教活动和风俗礼制，是我们认识当时社会历史的重要窗口。

西周末期，周室衰微，诸侯纷争，社会动荡，人民生活极端困苦，大量反映丧乱、针砭时政的怨刺诗出现了。在《诗经》的《雅》及《国风》中保留了不少这方面的作品。如《大雅》中的《民劳》、《板》、《荡》、《桑柔》、《瞻卬》，《小雅》中的《节南山》、《正月》、《十月之交》、《雨无正》、《小旻》、《巧言》、《巷伯》等等，描写了厉王、幽王时苛政之下政治黑暗，民不聊生的现实。《国风》中的怨刺诗怨愤更强烈，讽刺更尖刻，具有较强的批判精神和斗争性，如《魏风·伐檀》、《魏风·硕鼠》等，这些作品或讽刺不劳而获，贪得无厌者，或揭露统治者的无耻与丑恶，辛辣的讽刺中寓有强烈的怨愤和不平。这些被后人称为"变风"、"变雅"的作品，是政治腐朽和社会黑暗的产物，如《巷伯》就是寺人孟子遭人谗毁后抒发愤灊之作。诗人愤怒地写道："取彼谮人，投畀豺虎。豺虎不食，投畀有北；有北不受，投畀有昊。"诗人强烈的情感溢于言表。

3. 真挚动人的婚恋诗

男女情爱、婚嫁的诗篇，在《诗经》民歌中占有很大比重。《诗经》反映婚恋的作品感情质朴、真挚，它较少后世礼教重缚下的那份悲剧性的沉重，男女主人公可以由着自我的性情大声吟唱，体现着人性的自然之美。正因如此，《诗经》中的婚恋诗一直为人们所传颂，这类作品不仅数量较多，而且质量最高，影响也最为深远。婚恋诗主要集中在《国风》之中，是《诗经》的重要组成部分，也是最精彩动人的篇章。

（1）热情奔放的情歌。

《诗经》中不少情歌表现对爱情的大胆追求和对可意情人的热切相思，或描述热恋的情景和讴歌爱情的甜蜜，洋溢着一派欢快的情调。

如《野有蔓草》：

野有蔓草，零露溥兮。有美一人，清扬婉兮。邂逅相遇，适我愿兮。

野有蔓草，零露瀼瀼。有美一人，婉如清扬。邂逅相遇，与子偕臧。

在蔓草茂密的旷野小路，远近无人，有情男女，邂逅相遇，携手入芳林深处，如自由而欢乐的小鸟喃喃私语。爱情的甜蜜与美好在反复的咏叹中显露无遗。

诗歌在简洁的描绘中将人类向往爱情的本性倾泻无遗。

再看看《溱洧》：

> 溱与洧，方涣涣兮。士与女，方秉蕑兮。女曰："观乎？"士曰："既且。""且往观乎洧之外，洵讦且乐。"维士与女，伊其相谑，赠之以勺药。
>
> 溱与洧，浏其清矣。士与女，殷其盈矣。女曰："观乎？"士曰："既且。""且往观乎洧之外，洵讦且乐。"维士与女，伊其将谑，赠之以勺药。

作品以当时郑国的民间风俗为背景，描写了节日里男女青年相聚河边相悦的欢乐情景，我们看到了一对感情真挚的恋人，他们心心相印，以物定情，沉浸在爱的海洋之中。作品既有对话，也有情节，极富生活的气息，情意绵绵，给人以美的生活感受。

爱情的甜蜜是人类永恒的追求，在《诗经》中这样作品也不少，如《周南·关雎》、《召南·野有死麕》、《邶风·静女》和《郑风》中的《风雨》等。这些诗作感情真挚，热情奔放，令人遐想无限，回味不尽。

（2）深沉执著的恋歌。

在人类漫长的发展过程中，礼法起到了规范人们生活、维护社会稳定的作用，但它也是一定程度上是对人类自由的枷锁。礼法与自由，这是一对永远没法弥合的矛盾，它伴随着人类的古今。在礼教之下，我们在《诗经》中还听到了深沉执著的恋歌。此类作品或歌颂对爱情的忠实、专一，展现了主人公纯洁美丽的心灵；或表现对礼法压迫的反抗和对婚恋自由的执著追求，揭示了当时在礼法压迫下，婚恋的不自由给青年男女造成的内心创伤。

《邶风·静女》描写男女幽会：

静女其姝，俟我于城隅。爱而不见，搔首踟蹰。

静女其娈，贻我彤管。彤管有炜，说怿女美。

自牧归荑，洵美且异。匪女之为美，美人之贻。

在男女恋爱中，女性往往不如男性直接，她们往往故意迟到或藏起来，在男人们的焦急等待中获得心理的胜利，这是一个很有趣的心理现象。作品中的女主人公便是这样一位女子，她躲在隐蔽之处，看到对方的那种焦虑不安、备受痛苦折磨时，内心反而会充满快乐。而那男主人公却没有这样的耐性，当心爱的人还没有来的时候，他心情竟至急躁而搔首徘徊。情人既来，赠之以彤管、茅荑，他立刻被爱情俘虏，陶醉于爱物之中。在男与女，相见与不相见的对比中，男女主人公的情感被充分地表现出来，让我们看到了爱情的苦尽甘来。

在《郑风·出其东门》中，爱情的执著专一更是表现得明显：

> 出其东门，有女如云。虽则如云，匪我思存。
> 缟衣綦巾，聊乐我员。
> 出其闉闍，有女如荼。虽则如荼，匪我思且。
> 缟衣茹藘，聊可与娱。

在迈出城门的刹那间，此诗的主人公也被这"如云"、"如荼"的美女吸引了。迈出城门，美女如云，"如云"、"如荼"表现了主人公按捺不住的赞叹。按常理，主人公应该融入这队伍中去寻找真爱，但作品却出乎意料，"虽则如云，匪我思存"、"虽则如荼，匪我思且"，主人公心中早已有所独钟，那位"缟衣綦巾"、"缟衣茹藘"的女子才是他的最爱。按照朱熹的解释，"缟衣綦巾"、"缟衣茹藘"乃是"女服之贫贱者"。这不禁让主人公肃然起敬，原来他所情有独钟的，竟是这样一位素衣绿巾的贫贱之女！穿越贵贱贫富，这才是对爱真正的阐释。

《郑风·子衿》则写女子对男子的思念，这个女子在城阙等待情人，终未见来，便独自踟蹰徘徊，"一日不见，如三秋兮"的咏叹，把相思之苦表现得如怨如诉，深挚缠绵，时至今日，"一日不见，如隔三秋"仍然是恋爱中的心得之语，至今仍为人们所传唱。

《卫风·伯兮》写了一位女子自从丈夫别后，无心梳洗，思念之心日日萦绕其间，苦不堪言。"自伯之东，首如飞蓬。岂无膏沐？谁适为容！其雨其雨，杲杲出日。愿言思伯，甘心首疾！"为国征战的行为是英勇豪迈而为人们所称许的，但是人生的天涯孤苦和生离死别的思念，却更让有情的人们感到撕心裂肺的痛。

"泛彼柏舟，在彼中河。髧彼两髦，实维我仪，之死矢靡它。母也天只，不谅人只！"（《鄘风·柏舟》）主人公对自己所爱的人，在遭到外来干预时，对爱却更加执著，他以心相许，表示至死无二心。《王风·大车》是写在环境不容的情况下，女子约男子一同私奔的诗，歌中唱道："岂不尔思，畏子不敢。""岂不尔思，畏子不奔。"最后则指天发誓："縠则异室，死则同穴。谓予不信，有如皦日！"这种一往情深，以生死相许，誓无反顾的叛逆精神，正是后世诸多爱情名著中所热情歌颂的。

此外，如《王风·采葛》、《卫风·木瓜》、《秦风·蒹葭》和《鄘风·柏舟》、《郑风·将仲子》等，都是执著的恋歌的杰出之作。

（3）痛苦哀伤的悲歌。

热烈欢快的情歌令人愉悦，深沉执著的恋歌使人赞叹，痛苦哀伤的悲歌则激人同情和启人深思。

《诗经》中对美好爱情是歌颂向往的，而对始乱终弃持批判态度，并对受害者予以深深的同情。《卫风·氓》这首诗是弃妇自述不幸的诗作，诗中首先以甜蜜的语气叙述了他们的相恋、嫁娶以及初婚的美好生活，然后又以悲凉的语气，叙述了年华的逝褪以及丈夫的变心和丈夫对她的粗暴相向，一种含辛茹苦、人生不幸的感叹以及对青春少年甜美生活的不尽留恋，弥漫在了诗的词句中——而古时男女地位的不平等以及妇女生活的不幸，亦由此可见一斑。"信誓旦旦，不思其反。反是不思，亦已焉哉！"这是女主人公的无力控诉。

《邶风·谷风》中的女主人公在夫家处在艰难困苦的时候，能与丈夫同心同德、共创家业，"昔育恐育鞠，及尔颠覆"；在持家和睦邻等方面尽心尽力，"就其深矣，方之舟之。就其浅矣，泳之游之。何有何亡，黾勉求之。凡民有丧，匍匐救之"。当她得知丈夫完全绝情，爱情已成覆水，她仍未对丈夫的绝情予以正面的谴责，只用责备的口吻委婉地问道："不念昔者，伊余来墍。"这篇作品把女主人公的复杂性格刻画得入木三分，生动地描绘了一个中国古代劳动妇女坚毅耐劳、温柔多情的动人形象。《诗经》中这类弃妇诗也不少，如：《召南·江有汜》、《邶风·柏舟》、《邶风·日月》、《邶风·终风》等，在《诗经》的婚恋诗中，它们是感人至深的爱的悲歌。

4. 农事诗

周代经济以农为主，因而反映农业生产和劳动生活的农事诗在《诗经》中为数不少，这类作品主要描写农业生产生活的以及与农事直接相关的政治、宗教活动的诗歌。《风》、《雅》、《颂》里都有此类作品。

（1）雅、颂里的农事诗。

《雅》、《颂》的农事诗，大多赞颂农业所取得的成就，夸耀田土广大、农夫众多、收获丰盛，表达了祈求丰年的愿望，在一定程度上反映了周代社会的经济生活。但其内容较为单调，文学价值亦颇有限。

《小雅》中的《楚茨》是一首农业祭祀诗，它描写了祭祀的全过程，从祭前的准备一直写到祭后的宴乐，详细展现了周代祭祀的仪制风貌。读这首诗，可以想见先民在祭祀祖先时的那种热烈庄严的气氛，祭后家族欢聚宴饮的融洽欢欣的场面。诗人运用细腻翔实的笔触将这一幅幅画面描绘出来，使人有身历其境之感。

《周颂·臣工》是一首劝农诗，诗 15 句，前 4 句劝勉群臣努力工作，认真执行农业的相关成法。下 4 句是：暮春时节，麦子快熟了，要赶紧筹划如何在麦收后整治各类田地。再接下 4 句是称赞今年麦子长势良好，能获得丰收，这是上帝保佑的结果。最后 3 句说：农民要做好收割准备，周王将亲自催促大家收割。全诗脉络清楚，诗义很明白，确是一首歌颂周王关心农业生产，训勉群臣勤恳工作，贯彻执行国家以发展农业为立国之本的策略，感谢上天赐予丰收的乐歌。

（2）《国风》中的农事诗。

《国风》是劳动人民的歌声，里面的农事诗，内容丰富，清新生动，是《诗经》中文学价值较高的作品。

《七月》是一首农业生活诗。它采用赋的手法，诗从七月写起，全诗以时令为序，把风俗景物和农夫生活结合起来，生动逼真地反映了周代农人的生活状况。首章以鸟瞰式的手法，概括了劳动者全年的生活，一下子把读者带进那个凄苦艰辛的岁月。同时它也为以后各章奠定了基调，提示了总纲。作品向我们展示了一幅古代统治者压迫的社会图画,"女心伤悲,殆及公子同归"更使我们真切地感受到农奴的不幸与哀苦。这首诗将节令物候与农事结合,深刻地展示了农业生产、农民生活的泥土气息,选择其中的典型片断,形象地引发了人们对农民不幸发生根源的思考。

另外,还有反映当时各种劳动生产活动的诗篇,如《周南·芣苢》写一群妇女所唱的明快而优美的劳动之歌,"采采芣苢,薄言采之。采采芣苢,薄言有之"。田家妇女,三五成群,在山坡野地从事采集,边劳动边歌唱,为收获渐多而充满喜悦。清人方玉润在《诗经原始》中说:"读者试平心静气涵咏此诗,恍听田家妇女,三三五五,于平原旷野、风和日丽中,群歌互答,余音袅袅,若远若近,忽断忽续,不知其情之何以移,而神之何以旷。"

《魏风·十亩之间》写采桑女集体在桑园采桑,"十亩之间兮,桑者闲闲兮,行与子还兮"。采桑女劳累一天后,终于歇下来,可以呼伴同归了。《伐檀》写伐木造车,"坎坎伐檀兮,置之河之干兮,河水清且涟猗。不稼不穑,胡取禾三百廛兮?不狩不猎,胡瞻尔庭有县貆兮?彼君子兮,不素餐兮!"边干着繁重的伐木劳动,边想到社会的不平,从而对不劳而获者发出愤怒的嘲讽。《郑风·大叔于田》写田猎,"叔在薮,火烈具举,襢裼暴虎。"勇武的猎人,在山林中,举火夜猎,赤膊徒手生擒猛虎。《小雅·无羊》写放牧"尔羊来思,其角濈濈。尔牛来思,其耳湿湿。或降于河,或饮于池,或寝或讹。尔牧来思,何蓑何笠,或负其餱。"身披蓑衣，头戴斗笠，背负干粮的牧人，放牧看管着大批牛群、羊群。这些诗既使我们了解到当时各种劳动生产的内容，也生动地留下了劳动者的画面，以至他们的喜怒哀乐情绪。这些诗如此真实而生动地记录了两千多年前生产劳动的情景和劳动者的形象、心态，是中外文学、文献上所罕有的，是我们了解古代社会的一面镜子，具有不朽的价值。

5. 征役诗

西周晚期连年战乱，民不聊生，繁重的兵役、劳役给劳动人民带来了深重的苦难。征战之苦、怀乡之情在《诗经》中得到了很好的表现，有的作品表现了强烈爱国思想，激励着后人。征役诗开创了后代边塞诗、羁旅诗、思妇诗的先河。

每当外敌入侵，国家危难，需要人民平定叛乱、抵御外族入侵、扶弱抗暴的时候，劳动人民总是唱起军歌，奋战前线，保家卫国。《诗经》爱国诗，充分体现了这种精神。如《小雅·采薇》、《秦风·无衣》等。

如《无衣》：

岂曰无衣？与子同袍。王于兴师，修我戈矛，与子同仇！

岂曰无衣？与子同泽。王于兴师，修我矛戟，与子偕作！

岂曰无衣？与子同裳。王于兴师，修我甲兵，与子偕行！

全诗采用兵士相语的口吻，描写了他们在修整武器的时候相互勉励，表达了当时秦国人民和秦王上下一心，同仇敌忾的民族凝聚力。诗歌音节短促，一气呵成，声调激昂。

《东山》前两章写主人公还乡途中的悲喜交集，喜胜于悲的心情。后两章承上写主人公途中的想象，却是专写对妻子的怀思。荒凉破败的家园景象与对家的眷恋之情密合无间，含蓄委婉的表达出悲喜交集的心理。《诗经》的其他作品如《邶风·击鼓》、《王风·扬之水》、《邶风·旄丘》、《小雅·采薇》、《小雅·渐渐之石》、《小雅·何草不黄》等作品也都描写了普通士兵或下层军官对军旅生活的艰辛、亲人思念之苦、爱情破碎、待遇的不公等战争的负面因素有直接而深刻的体会，揭示了战争的负面影响，表现了他们思乡怀归和对征战不息、穷兵黩武的厌恶、怨责之情。

四 《诗经》的艺术特点

《诗经》是我国现实主义文学的源头，它以简朴的语言表达情感，通过鲜明反映社会现实，为后世的诗歌创作铺垫了良好的基础，有很高的艺术成就。

1. 鲜明的形象性

《诗经》中大部分作品是抒情诗，其中不少以第一人称表现的诗，有的直接表现抒情主人公的情感、愿望，有着比较鲜明的主人公形象。如《卫风·氓》和《邶风·谷风》都是弃妇的，但两首诗中的女主人公表现出两种不同的性格。《邶风·谷风》的妇女性情柔弱婉顺，在被弃之后只是停留于回想丈夫的对不住自己，说丈夫"不念昔者"，尚未能表现出深恶痛绝的果断的态度。而《氓》则情绪激烈，有悔恨，也极果断："反是不思，亦已焉哉！"

有的侧重于心理描写。大部分的心理刻画是通过一些细节表现其情绪与思想活动。如《周南·关雎》的主人公因思念心爱的姑娘而"寤寐思服"，"辗转反侧"；《邶风·静女》的主人公因找不到前来约会的恋人，急得"搔首踟蹰"；《卫风·伯兮》写女主人公在丈夫离家后无心膏沐，以至"首如飞蓬"；《王风·黍离》写主人公走在路上忧思满怀，"行迈靡靡，中心摇摇"，这些描写使得主人公的形象栩栩如生。

《诗经》中有的作品还善于通过景物和环境描写来渲染气氛，烘托感情。这方面最为突出的作品是《秦风·蒹葭》：

> 蒹葭苍苍，白露为霜。所谓伊人，在水一方。
> 溯洄从之，道阻且长；溯游从之，宛在水中央。
> 蒹葭凄凄，白露未晞。所谓伊人，在水之湄。
> 溯洄从之，道阻且跻；溯游从之，宛在水中坻。
> 蒹葭采采，白露未已。所谓伊人，在水之涘。
> 溯洄从之，道阻且右；溯游从之，宛在水中沚。

在秋天的早晨，晨雾蒙蒙，主人公便开始寻找心上人，作品将秋天早晨的景色与人物怅惘心情交织在一起，情景合一，给人以无限的回味。

2. 赋、比、兴的表现手法

《毛诗序》云："故《诗》有六义焉：一曰风，二曰赋，三曰比，四曰兴，五曰雅，六曰颂。"风、雅、颂是就诗歌音乐的分类言，赋、比、兴是就表现手法而言。前人用赋、比、兴概括了《诗经》表现手法的主要特征。宋代朱熹对赋、比、兴进行了阐释，为不少人所接受。

比，就是比喻。朱熹《诗集传》说："比者，以彼物比此物也。"比喻可以使描述更形象化，《诗经》中用比的地方很多，如《卫风·硕人》写庄姜的美貌用了一连串的比喻："手如柔荑，肤如凝脂，领如蝤蛴，齿如瓠犀，螓首蛾眉。巧笑倩兮，美目盼兮。"《小雅·斯干》"如跂斯翼，如矢斯棘，如鸟斯革，如翚斯飞"。有的作品甚至通篇都用比，如《硕鼠》，将鼠比人，就其外形、生物的类别及其发展程度的高低而言，本体与喻体的差别是相当之大的；但是，在不劳而获、白吃饭这一点来说，却完全一致。故这个比喻实际上是一种夸张的表现，将统治阶级比作硕鼠，揭示其贪婪性。《豳风·鸱鸮》假托一只小鸟诉说其不幸遭遇，以比喻下层人民的生活惨况，此外，《相鼠》也运用了同样的手法。《诗经》中用比的地方很多，运用亦很灵活、广泛。

兴用于一篇或一章的发端，用以引出后面的句子。

朱熹《诗集传》说："兴者，先言他物以引起所咏之词也。"多数兴句具有类比、象征的意味，能使人产生联想，或用于烘托、渲染气氛。如"关关雎鸠，在河之洲。窈窕淑女，君子好逑"。诗人先将描写河边雎鸠鸟热烈的叫声，一方面写出了事件发生地点的优美环境，另一方面，也为后面男女相悦烘托了气氛。朱熹认为："言彼关关然之雎鸠，则相与合鸣于河洲之上矣。此窈窕之淑女，则岂非君子之美匹乎？言其相与和乐而恭敬亦若雎鸠之情挚而有别也。"这种表现手法在《诗经》中被广泛使用，使得诗歌摇曳多姿，极具美感，后代喜欢诗歌的含蓄委婉韵致的诗人，特别推崇这种表现手法，"兴"也因而得到很好的发展，翻陈出新，构成中国古典诗歌的独特风景。再如《周南·桃夭》的第三章分别用"桃之夭夭，灼灼其华"，"桃之夭夭，有蕡有实"，"桃之夭夭，其叶蓁蓁"起兴，祝福新娘出嫁后"宜其室家"。鲜红的桃花不仅写出了当时环境的优美，而且还烘托出了喜庆的气氛，预示着主人公生活的幸福美好，兴在这里使得全诗趣味盎然。

赋，《诗集传》说："赋者，敷陈其事而直言之也。"赋就是直言其事，直抒其情，它包括叙述、形容、联想、悬想、对话、心理刻画等，是最基本的表现手法。《豳风·七月》用赋的手法，以时令和物候的变化为背景，详细描写农夫们一年四季的生活状态，展示了一幅幅生动的农村风俗画。《邶风·静女》写了一个女子约他的男朋友晚间在城隅相会，但男青年按时到了约会地点，却不见这位姑娘，等之不来，既不能喊，也不能自己去找，不知如何是好而"搔首踟蹰"。过了一会，姑娘忽然从暗中跑出来，使小伙子异常高兴。诗中所写姑娘藏起来的那点细节，可以理解为开玩笑，也可以理解为对小伙子爱的程度的测试，但总之是充满了生活的情趣，表现了高尚纯洁的爱情。《齐风·女曰鸡鸣》就采用对话的形式，写夫妻间的床头絮语，表现了融洽和谐的家庭生活气氛。《诗经》中有些纯用赋法的诗中，也创作出了很深远的意境。

3. 富于表现力的诗歌形式

《诗经》中的作品具有多种体式，在当时语言发展的水平上，为诗歌的发展作了许多有益的探索。

《诗经》从一言到八言都有，以四言为主，这是在原始歌谣基础上发展起来的诗歌样式，与当时诗乐舞不分的特点紧密相连，基本上是每句二拍，每拍两字，形成了错落有致，灵活多样的诗歌样式。如《周南·芣苢》：

> 采采芣苢，薄言采之。采采芣苢，薄言有之。采采芣苢，薄言掇之。采采芣苢，薄言捋之。采采芣苢，薄言袺之。采采芣苢，薄言襭之。

全诗共 12 句，两句一组，反复歌唱。通过动词的变化，表现了劳动中优美的动作和收获物逐渐增加的过程，展示出了热烈欢快的劳动场面。

4. 语言质朴、优美

《诗经》是我国最早的富于现实精神的诗歌，创作者都能以简朴的语言描绘社会生活，通过富有特征的细节或生活侧面表达自己的感情，反映社会的真实状况。如《魏风·十亩之间》中："十亩之间兮，桑者闲闲兮，行与子还兮。十亩之外兮，桑者泄泄兮，行与子逝兮。"作品描绘了一幅桑园晚归图，将劳动之后轻松、愉快的心情充分表露出来。其他如《卫风·氓》、《豳风·七月》、《豳风·东山》、《小雅·采薇》、《王风·黍离》、《魏风·伐檀》、《硕鼠》，《小雅·十月之交》等，都是用朴素的语言描绘事物，表情达意，作品浑然天成，毫无故作之态，绝没有后来有些文人诗那种刻意雕镂的痕迹。这种淳朴的风格一直是中国文学发展的强大推动力，每当文学失去生命力的时候，我们都要回到这原生态中去寻找前进的支撑。

五　《诗经》的影响

《诗经》揭开了中国诗歌史上光辉的一页。它对后世的影响首先是它开创了我国诗歌的现实主义优良传统，其中很多作品是"饥者歌其食，劳者歌其事"的产物。诗人直抒胸臆，敢于大胆地反映现实，旗帜鲜明地颂美与怨刺。"感于哀乐，缘事而发"的汉乐府民歌，倡导"风雅兴寄"的陈子昂，即事命篇的杜甫诗歌，以美刺手法因事立题的白居易的"讽喻诗"等等，都是对这种创作精神的直接继承。其次是《诗经》的赋、比、兴手法以及纯熟的创作技巧，被后代诗人大量借鉴。特别是比、兴，它在中国诗歌的长期发展中不断地被赋予新的内涵，成为中国诗歌独特的表现样式。再次，它证明了劳动人民的艺术创造才能。《诗经》中的诗歌绝大部分是民歌，朴素清新，生动活泼，和谐自然，给后世文人学习民间文学开辟了广阔的道路。在文学史上由于作家们向民歌学习，常常形成一个时代文学的革新，形成一个时代文学创作的高潮，魏晋五言诗的发展，唐代诗歌的繁荣，很好地说明了这一点。向民间文学学习，这是我国文学发展历史的优良传统。

（北京师范大学文学院　梁杰博士）

《春秋》

 ## 《春秋》的名称、内容和作者

　　中国是个重视历史的国家，修史受到历代政权的重视，梁启超甚至说史学是中国最发达的科学，中国又是世界史学最发达的国家。中国最早的史书可以追溯到西周时期，到春秋时期蓬勃发展，《春秋》就是在这个时候产生的。除了周王室之外，当时各个诸侯国都修史，大多数都以《春秋》为名，有周《春秋》、燕《春秋》、宋《春秋》等等，于是《春秋》就成了这些国家史书的统称，墨子就说他见过"百国春秋"。当然也有一些例外的，比如晋国的史书叫《乘》，楚国的史书叫《梼杌》，还有叫《郑志》的，大概是郑国的史书，而我们今天所看到的《春秋》，就仅仅是指经过删定的鲁国史书了。至于史书为什么要以"春秋"为名，有人认为周人比较重视一年中的春秋两季，因此，就用"春秋"指代一年。

　　《春秋》是中国现存最早的一部编年体史书。它按照年代顺序记事，时间跨度是从鲁隐公元年（公元前

722 年）到鲁哀公十四年（公元前 481 年），共记载了春秋时期 242 年的历史，以鲁国国君的在位为纪年。所记历史以鲁国为主，兼及其他国家。《春秋》记事很简单，一件国家大事最长的就记几十个字，最短的就一个字，如鲁隐公四年（公元前 719 年）记载："秋，九月辛卯，螟。"这就是用一个字记载鲁国发生了虫灾。所以二百多年的历史才记了一万多字。这不是史官偷懒，而是当时周代各国史官记事的统一规范，也就是所谓的"书法"。为什么周代史官记事会这么简略呢？据《礼记》等书的记载，春秋时期史官有左史右史之分，"左史记言，右史记事"，一说是"右史记言，左史记事"，无论怎样，史官记载历史时，史事和人物语言是分开记的，而《春秋》则是属于记事的史书。如果这一说法是完全真实的话，那么只记事而不记言的《春秋》，就没有了人物活动，所以一切历史只能说个大概情况。但是后来有些学者就不大理解了，据说北宋的王安石就曾经讥讽《春秋》是"断烂朝报"。另外，有些时间段里并没有发生任何事情，但作者仍然把日期记下来，犹如一篇没有任何内容的日记。作者这样记载的目的，也是出于春秋时代史官的"书法"。

关于《春秋》的作者，历来有两种不同看法。一种意见认为是历代鲁国史官编写成的，后来孔子将这部史书进行了删定，作为自己教育学生的教材来用的。并且通过修改其中的一字一句来表达自己的看法，这就是所谓的"微言大义"，后来的学者就把这种通过一字一句的斟酌来写历史的方法，叫做"《春秋》书法"

或"《春秋》笔法"。孟子和司马迁等人都认为孔子直接编写或删定过《春秋》。另外一种看法认为，孔子与《春秋》没有什么关系，因为在《论语》里面孔子并没有提到自己曾经改写过《春秋》，到底孰是孰非，至今还没有定论。不过现在大多数学者都认为孔子的确改写过《春秋》的。从先秦两汉的文献中看，即便孔子没有直接编写或删改过《春秋》，但至少儒家学派与这部书有着密切的联系。

 怎样读《春秋》

前面说了，《春秋》字数很少，记事很简单。如此简单的记事方法往往让读者无法知道一件历史事件的来龙去脉。而这种记事方法却是春秋时代各国史官记事的统一规范，春秋时代的史官们真是通过这样的字斟句酌来表达自己对历史事件的看法。如晋国正卿赵盾的弟弟赵穿刺杀了晋灵公，史官董狐记曰："赵盾弑其君。"其理由是赵盾身为正卿，"亡不越竟，反不讨贼"，所以应当承担这项罪名。这是董狐按照自己的价值标准看待这一历史事件的，难怪连当事人赵盾自己也不明白。如果没有后人的解释，后人对于这段历史的认识恐怕就背离了历史的真相了。孔子作《春秋》（或者说是删定《春秋》），也是继承了史官这样的一个传统。所以，《春秋》中所记载的很多事情具体情况如何，作者为什么要这样记载，读者都是无法直接了解的。那么，古人是怎样读懂这本书的呢？这就要讲到"传"。

按照一般的说法，孔子给学生们讲解《春秋》，都是口头传授。孔子死后，因为学生们对他传授的知识理解记忆不一致，他所创立的儒家学派就出现了分裂。他所讲的《春秋》，不同的学生也都有自己的理解。《春秋》因为是孔子拿来作教材讲解的，所以不能改变，就叫做"经"。"经"，《说文解字》解释说："织纵丝也。"本来的意思是固定在织布机上竖排的丝，不能移动，后来被引申为文献中的经典。所谓《春秋》经，就是儒家的最高经典之一，出自于孔子，不可更改。孔子死后，孔子的弟子们对于"经"有各自不同的理解，于是儒分为八，儒家学派内部出现了不同的分支。弟子们各人按照自己的理解又将知识传给自己的学生，这就是"传"。据《说文》的解释，其原意是古代驿站之间的传递，后来"凡展转引申之称皆曰传"，所以传授知识的典籍也叫传。因为弟子很多，所以各人传的就不同。这些"传"也是靠口头传授的，直到西汉时期，这些口头传授的内容才被编订成书。目前流传下来的主要有三"传"，《穀梁传》、《公羊传》和《左传》，这三部书被后人合称为"《春秋》三传"。另外，西汉时期的《春秋》传还有《邹氏传》和《夹氏传》，各 11 卷，因为这两传后来没有传授的人，于是就渐渐地失传了。下面就介绍一下前面三传。

1.《左传》

《左传》是《春秋》三传中价值最高，也是最具有争议的一部书。首先,《左传》的作者是谁？这个问题大家的看法就不同了。司马迁说是左丘明,据说左丘明亲见孔子,从其受业,最理解春秋大义。孔子死后,左丘明惧弟子人各异端,对经典的理解出现分歧,所以就将孔子所说之事详细记录,并且作一定解说,目的是为了使后人对孔子思想的理解出现错误。唐朝以前的学者几乎都认同这一说法,没有争议。自唐朝开始,对这个说法就有了很多疑问,首先开始提出疑问的是啖助、赵匡等人。因为左丘明实在是个说不清的人物。有人说他姓左,有人说他复姓左丘,还有人说他姓丘,因为他的官职是"左史",所以才叫左丘明。至于他到底姓什么,已经无可稽考了。孔子说:"巧言,令色,足恭,左丘明耻之,丘亦耻之。匿怨而友其人,左丘明耻之,丘亦耻之。"这说明他见过左丘明,而且语气还很尊敬,似乎左丘明比孔子年龄还大一些。可是司马迁又说左丘明在孔子死后"惧弟子人各异端",怕孔门弟子因记忆等问题对老师传授的内容理解有差别,所以写了《左传》。但这部书很长,有20多万字,也不是很短时间内完成的,那么左丘明应该比孔子小很多,这就有矛盾了。现代的一些学者有认为《左传》是吴起写的,因为吴起是个军事家,而《左传》里面的战争写得都非常好。有认为是子夏写的,因为作者对晋国的魏氏家族似乎很有好感,而子夏晚年正是住在魏国的。甚至还有人认为其是孔子自己写了《左传》的蓝本,总之不是左丘明。最极端的看法是康有为提出的,他认为《左传》是西汉学者刘歆伪造的，这个观点曾经得到了很多学者的认可，不过因为在论证上主观性太强，现在这种看法基本上已经被学者们推翻了，因为在先秦诸子的著作中《左传》的内容就被多次引用过了，司马迁写《史记》也多次引用《左传》的内容，而且刘歆也没有那么多时间去造这么大的一本伪书。因此，经过了一千多年的讨论，现在对于《左传》的作者是谁还没有一个确切的答案，但是《左传》是在战国时期就已经存在了，而不是刘歆伪造的，这一点现在除了极少数学者以外，几乎是没有异议的。

其次，是关于《左传》的体例和内容的问题。《左传》的体例和《春秋》一样，都是按照年代顺序记载历史。但是在内容上《左传》要比《春秋》丰富得多，全书20多万字，内容涉及春秋各国的历史，有很多事件都能和《史记》相印证。《春秋》里面的绝大多数事件在《左传》中都有详细的记录，通过《左传》的记载，我们就能确切地知道春秋时代那些事情的具体情况怎样，但《左传》所记载的历史和《春秋》并不是一一对应的，《春秋》经文中有的，它有时候也没有，这就叫"无传之经"。《春秋》经中没有的事件，《左传》中却有记载，这就叫"无经之传"。在时间跨度上，《左传》比《春秋》还要多出 13 年，不仅如此，《左传》所解的《春秋》经比《春秋》经原文还多出两年。因为这两点，所以后来有许多学者不承认《左传》与《春秋》的关系，认为它并不是为了解《春秋》而作，也就不是《春秋》的"传"。清代学者刘逢禄根据先秦文献的记载，认为这部书以前只是叫《左氏春秋》，和《晏子春秋》、《吕氏春秋》是一类的书。还有学者认为，《左传》本来是一部独立的书，因为它能详细解释《春秋》中大部分的历史事件，后来学者就把这本书按照《春秋》的体例，将它分割在《春秋》经每一年事件的后面，作为解释《春秋》的"传"了，所以我们现在看到的《左传》，很多本来属于同一件事情的历史记录却分在数年里叙述，显得很不连贯。我认为这种说法是很有道理的。另外一点对《左传》的真实性提出巨大挑战的就是，该书中有许多非常准确的预言和占卜。虽然说占卜是先秦时期国家政治生活中的大事，从出土的商代甲骨文来看，其中也多有应验的。但是像《左传》中那么准确的预言，的确有些让人不可思议。许多预言都提到了战国时期的事情了，这当然不可能是与孔子同时代的左丘明所能看到的，以前许多怀疑《左传》真实性的学者都是根据这一点对其真实性提出质疑的。承认《左传》真实性的学者们则根据这些预言推断其成书年代。但无论怎样，没有《左传》，我们就无法知道《春秋》所记历史的来龙去脉，因此，不管《左传》与《春秋》最初的关系如何，我们还是要通过它来读懂《春秋》。

2.《公羊传》和《穀梁传》

之所以要把这两传放在一起来说，是因为它们无论是在体例上还是内容上，都极为相似。首先，两本书在时间跨度上与《春秋》完全一致，都是从鲁隐公元年（公元前 722 年）记到鲁哀公十四年（公元前

481 年），各 11 卷。其次，两本书都采取设问的方式来解释《春秋》中的话，先以一个问题对《春秋》中的一字一句进行提问，然后再进行解释。与《左传》不同是，虽然这两传也对《春秋》中的部分史事进行了补充，但是作者写作的重点并不在于讲清楚《春秋》所记每一件事情的来龙去脉，而是要分析孔子作《春秋》的时候为什么要用这个字，为什么要这样去写，实际上就是探索孔子的"微言大义"。比如，《春秋》经隐公元年（公元前 722 年）就说："元年春，王正月。"《公羊传》就解释到："元年者何？君之始年也。春者何？岁之始也。王者孰谓？谓文王也。曷为先言王而后言正月？王正月也。何言乎王正月？大一统也。"对元年、春、王、正月都分别作了详细的解释。《穀梁传》也是对《春秋》大义的解释，但是与《公羊传》相比，它的解释似乎简单一些，在古代封建王朝的统治集团和儒者中也没有《公羊传》那样大的影响力。在探索"微言大义"的过程中，两传常常会有一些不同，这是因为他们的学说不是出自同一个孔门弟子，传授系统不同。至于哪一家的解释更符合孔子的意思，这便无从知晓了。

当然，两书对于《春秋》并不是每字每句必解，但绝没有在《春秋》的内容以外再插入新的内容，也就是说这两本书没有《左传》那样的"无经之传"。因此，对于《公羊传》和《穀梁传》是《春秋》的传，学者们从来没有疑问，这是两书与《左传》最大的不同。

关于这两传的作者，按照《汉书·艺文志》以及后来对《汉书》相关的注解的说法，《公羊传》的作者是齐国人公羊高。西汉学者戴宏说，公羊高从子夏那里学习儒家学说，然后又经父子相传了四代，就传到了西汉的学者公羊寿，公羊寿又传给了弟子胡毋子都。关于《穀梁传》的作者，最初也是来自《汉书·艺文志》的记载，但班固只说是"穀梁子"。"子"是古人对男子的尊称，至于他真名叫什么，班固没有说。后来的学者就有了许多不同的说法，有穀梁赤、穀梁俶、穀梁置、穀梁喜等等。据说这位穀梁子也是从子夏那里学得儒学，然后经过口传四代，就到了西汉学者瑕丘江公。但是，历代学者们对于《汉书》这样的记载都很是怀疑。首先，除了两位作者之外，中国历史上再没有见公羊、穀梁这样的姓。其次，关于两书的传授系统也很有问题，《公羊传》从公羊高传到西汉的公羊寿，近三百年的时间只传了五代人，平均 60 多年才传一代，有违常理。《穀梁传》也是如此。所以，对于这两书的作者，至今也还没有定论。有人认为，《公羊传》和《穀梁传》应该是同出于一个姓姜的人，因为在古音里面，有急声和慢声的差别。公羊和穀梁若读急声，就是姜的读音。这一说法倒也很有道理，不过只是一种猜测，还没有十足的证据。也有很多学者认为，两传是经过历代经师的增补而最后形成的，而不是成于一时一人之手。如《公羊传》中除了提到公羊子之外，还记载了"子沈子"、"北宫子"等先师对《春秋》所作的解释。另外先秦时期的文献基本上都是经过长时期传授最后编订成书的，所以很难说是某一个人作成某一本书。

总的来看，《春秋》三传虽然还有许多问题亟待解决，但是没有出土文献的佐证，这些问题现在还只能是存疑。当然这并不是影响三传对于研究《春秋》的价值，相反，我们要理解《春秋》，要理解春秋史，必须认真阅读三传。

3. 注与疏

《春秋》三传基本上完成了对《春秋》的解释，但是因为其年代久远，其中有些语言在西汉时期理解起来可能没有什么困难，不过到了后代人们渐渐就不是很明白了。尤其是《左传》，其中很多古字古言，最难理解。于是就有"注"的出现。"注"的本意是指水的灌入、灌溉，后来就逐渐引申为"注释"、"记载"的意思。最先为《左传》作字句解释的是刘歆，但是他的书失传了。真正开始系统全面地给《左传》作注的学者是东汉的服虔，他的注很有影响力，流传也很广。西晋的时候，大将军杜预也很喜欢读《左传》，于是他也给《左传》作了注，叫做《春秋左传集解》。在这期间，很多学者都给《左传》作过注，但都没有这两部的影响力大。到了南北朝时期，南方的学者读《左传》都参考杜预的注，北方的学者主要都用服虔的注。到唐朝的时候，因为杜预的注本也传了许久，所以在阅读上也产生了很多问题，对于杜预的注也有必要再作进一步的解释了，这就出现了"疏"。"疏"有"疏通"、"疏导"的意思。前面说了，"注"

是水流的意思，因为注读不懂了，就像是水流不通了，所以要疏导，"疏"就是对"注"的再解释。由于此时南北已经统一，唐朝政府开始统一修订《左传》的注本，孔颖达奉旨为《左传》的"注"作"疏"。他所选用的注本就是杜预的《春秋左传集解》，所作的"疏"叫《左传正义》。因为朝廷的干预，所以学者们最后读《左传》只看杜预的注本了，后来其他的注本就渐渐地失传了。其实杜预解释《左传》也是有一些问题的，并不全对，但是孔颖达是完全按照杜预的解释去解释《左传》，即使发现了有些地方完全讲不通的情况下，他仍然坚持对杜预的解释进行维护，这种做法叫做"疏不破注"，这种做法为当时以及后来作"疏"的学者们所习用。

为《公羊传》系统地作注的是东汉学者何休，他的注名叫《春秋公羊传解诂》，目前此注本的疏是徐彦的《春秋公羊疏》。但对于徐彦这个人，有很多疑问。从目前流传下的《公羊传》注疏可以看出，徐彦作疏时并没有作自序，史书上也没有徐彦其人的传记。对于徐彦这个属于哪个朝代就颇有争议，有人认为是唐代，有人认为是南北朝时期人。按理说，如此重要的学者，史书不会毫无记录。因此，我们今天所见到的《公羊传疏》，是《十三经注疏》中唯一一部作者尚不能完全确定的著作。

《榖梁传》的注本是东晋学者范宁所作的《春秋榖梁传集解》，由唐代学者杨士勋作疏。实际上，春秋三传的注与疏远远不止这三种。只不过，这一系列的注疏是经过官方修订的，在社会上有很大的影响力，学者们都以此为参考。唐朝以前的其他注疏于是就逐渐失传了，而之后的注疏，也都是在这些注本的基础上做成的。清代学者阮元编订《十三经注疏》中的《春秋》三传注疏也是以唐代的版本为主的（十三经即《诗经》、《尚书》、《论语》、《孟子》、《周易》、《礼记》、《周礼》、《仪礼》、《左传》、《公羊传》、《穀梁传》、《尔雅》、《孝经》）。

《春秋》三传的注疏是我们阅读三传，进而了解《春秋》这本书的钥匙。三传中，对于《春秋》中历史事件解释最详细的是《左传》，而《公羊传》和《穀梁传》则侧重于解释《春秋》用字的含义，就是为什么这样记载历史的原因，其中《公羊传》更受学者们的重视。《春秋》与它的三传，在中国政治、文化等领域影响了数千年之久，甚至形成了《春秋》学、《左传》学、《公羊》学等专门的学问。下面就谈谈《春秋》在古代中国的地位和影响。

三　《春秋》在古代中国的 地位和影响

《春秋》虽然记事简单，但因为被认作是孔子所作，所以在儒家经典中的地位颇高。西汉前期，由于统治者奉行黄老无为的治国策略，所以儒家学说并未达到很高的地位。汉武帝时期，在思想文化方面提出了"罢黜百家，独尊儒术"的口号，一大批儒者得到中央政府的重用，身居高位。其中董仲舒的影响最大，他宣扬"大一统"（"以一统为大"），通过解释《公羊传》来解释《春秋》，发挥《春秋》尊王的大义。《春秋》这一经义的发挥，是随着汉代中央集权体制的建立而出现的。随着皇权的不断加强，汉代《春秋》的地位尤为突出。甚至出现了以《春秋》决狱的现象。所谓以《春秋》决狱，就是法官在审判案件时，如果法律无明文规定，则以《春秋》的经义，或者说以《春秋》的微言大义，作为定罪量刑的依据。后来，淮南王刘安被指控犯罪，武帝命令董仲舒的弟子吕步舒"持斧钺治淮南狱，以春秋谊专断于外"。张汤任廷尉后，凡遇疑难案件都请教已经退休的董仲舒援引《春秋》提供审判意见，如此一来，整个西汉时期引《春秋》断狱之风盛行。司马迁作《史记》时，受到了董仲舒的影响，也是盛赞《春秋》的作用，他说："故有国者不可以不知《春秋》，前有谗而弗见，后有贼而不知。为人臣者不可以不知《春秋》，守经事而不知其宜，遭变事而不知其权。为人君父而不通于《春秋》之义者，必蒙首恶之名。为人臣子而不通于《春秋》之义者，必陷篡弑之诛，死罪之名。其实皆以为善，为之不知其义，被之空言而不敢辞。"

到了西汉某年，刘歆在秘府校书发现了用秦代以前文字写成的《周官》、《逸礼》、《毛诗》、《左传》。这些合称为古文经。而此前的《公羊传》、《穀梁传》、《齐诗》、《韩诗》等是用汉代文字写成的，称为今文经。这两种用不同文字写成的儒家经典产生了两个学派，即今文经学和古文经学。今文经和古文经是汉代学者对于儒家经典的不同解释，如《毛诗》是古文家对《诗经》的解释，而《齐诗》、《韩诗》则是今文家对《诗经》的解释。

吴雁南主编的《中国经学史》总结经今古文之间的分歧主要有三点：一是对孔子的态度，今文家认为孔子是哲学家、政治家，是感天而生的圣人，甚至有点神话的味道，古文家则认为孔子只是儒学的祖师，在保存古代文献方面有巨大功绩。二是对六经（《诗》、《书》、《礼》、《易》、《乐》、《春秋》）的认识，今文家认为六经都是孔子所作，其中有寄托了孔子政治思想的微言大义，而古文家则认为六经皆史，是三代文化典章制度以及圣君贤相政治格言的重视记录。在六经的来源上，双方也是互相攻击，因为今文家有明确的师承关系，所以他们斥责古文经无有本师、改乱旧章、是异端之学，而古文家则说今文家信口说、是末师，今文经是秦火之余，只有古文经藏于秘府，才是保存最完好的旧藏典籍。三是研究方法不同，因为今文家和古文家对六经的认识不同，所以双方研读经典的方法也是大相径庭，各有侧重。今文经家注重微言大义，所以发展为章句义理之学；古文家注重疏通经典的文义，了解前代的典章制度，所以发展成为名物训诂之学。今文经和古文经学虽然在内容上不仅仅是关注于《春秋》，但是《春秋》和三传始终是每次双方争论的焦点。《左传》是古文家解释《春秋》的依据，《公羊传》和《穀梁传》是今文家解释《春秋》的依据。

经今古文之争表现的形式是学术上的，但是其实质却是在政治方面，经今古文的学术争议在中国历史上曾经引起两次较大的政治斗争，而《春秋》以及《春秋》三传始终是双方斗争的焦点。第一次是在西汉末年开始的，一直持续到东汉结束。西汉末年，刘歆在秘府中发现用先秦古文写成的《左传》、《毛诗》等书，与西汉时期写成的《公羊传》、《穀梁传》、《齐诗》等在解释儒家经典上多有不同，于是向朝廷建议将这些典籍与先前流传的今文经同等对待，列于学官，都设立博士传授。这一提议遭到了今文经学博士和执政大臣们的强烈反对，大司空师丹批评刘歆改乱旧章，非毁先帝所立，请求汉哀帝治罪。汉哀帝虽然并不反对古文经，但是由于刘歆得罪了朝中诸多大臣，他的建议最终还是没有被采纳。汉代的今文经学虽然在朝中占据了统治地位，但是由于今文经家只注重探索经典中的义理，以期从中找出治国良方，因此，经师们往往根据现实政治的需要，从经典中强行发掘出对现实政治事件的解决方案，两汉的今文经家对于《春秋》在治国上的作用作了无限的夸大，有时为了需要，甚至是完全脱离了训诂，从经典中断章取义，强解附会，似乎现实社会中的一切都能在《春秋》中找到解决的途径，这一传统在后来的封建王朝中得到了继承。

《春秋》学在两汉今文经学中的影响是巨大的，自董仲舒兴起《公羊》学之后，儒者多从《公羊传》中寻找理论依据来解释一切。《公羊传》中天人感应、符命灾异的思想在其早期发展的过程中，起到过一定积极的作用。执政的儒者往往假托孔子之意，借天命、灾异以批评朝政。这样做一方面可以加强说服力，另一方面又可以逃避政治迫害，是一些进步正直的大臣进谏的一种很好的策略。但是到了西汉末年，今文经学由于历代经师的不断增补，任意发挥，特别是在《春秋》学方面，其内容日趋烦琐。同时以前积极的灾异、天命等学说，失去了当初的活力，逐渐地退化为谶纬学说。所谓谶纬，就是通过假造一些预言或图案，为统治者争夺权力制造依据，宣扬荒诞奇异的神秘主义。西汉末年的政治危机和社会危机，统治集团中代汉还是保汉分成两派，都企图借助谶纬为自己服务。今文经学向谶纬的退化，既解决不了现实的社会危机，也让后学者们无力继续研习。因此，在与古文经的斗争中，逐渐失去了竞争力。相反，古文经在王莽篡汉时期却得到了长足的发展，但王莽所重视的古文经主要是《周礼》，王氏新朝欲借恢复周代制度的名义改革西汉的积弊，以缓解社会危机。王莽最后虽然失败了，但包括《春秋》在内的古文经学自此便开始在国家政治中占有了一席之地。

东汉末年经学便没有了今文经和古文经的纷争了，但是以《春秋》大义作为治国的第一纲领却在后来历代的封建王朝中保留了下来。每到社会危机、民族危机出现时，《春秋》学作为思想界讨论的核心话题，便能够有一次大发展。如两宋时期，在民族矛盾异常尖锐，社会危机极为严重的情况下，有很多学者便抛开《春秋》三传直接解《春秋》，以表达对现实社会的看法，个人都自以为得圣人之意，与两汉时期的儒者几乎是一致的，只不过他们脱离了三传，在方法上更为激进一些。

第二次经今古文之争是在清朝末年，这次争论《春秋》成为更重要的讨论话题。这次经学的论战也是由清末的社会危机引起的。在清代中后期的对外战争中，中国屡战屡败，于是康有为等人便上书皇帝，请求变法。为了给变法提供理论根据，维新派的领袖康有为欲借孔子之言以减少变法中的阻力。为此，康有为特地作了《新学伪经考》和《孔子改制考》两书。康氏首先在《新学伪经考》中提出古文经皆是刘歆伪造，只有今文经才是儒家的真经。在《孔子改制考》中，康氏又提出今文经都是孔子所作，而不是所述。孔子作六经，意在托古改制，即孔子按其政治理想，假托尧舜等人的言行作六经，为其实现社会改革之张本，以孔子为托古改制的"素王"，创立儒教的"教主"，否定了历代儒家所谓孔子"述而不作"的传统观点。在学术方法上，康有为主张读书不当只求诸章句训诂名物制度之末，当探求经书中之大义，而孔子改制的精义，主要反映在《春秋公羊传》中，根据康氏的解释，《公羊》所传微言之第一义就是孔子托古改制之大义。因此他极力推崇《公羊传》而贬抑《左传》，并且鼓吹何休在《公羊传》注中所提出的"张三世"

说。所谓"三世"，即据乱世、升平世、太平世，康氏认为太平世即孔子所谓的尧舜禅让时代，文王行君子之仁政，是升平世，孔子所处的时代则为据乱世，所以要托古改制，变据乱世为升平世、太平世。康氏认为当时的中国所处的时代亦为据乱世，必须依古改制进入升平世，这实际上是以今文经学为根据，并融入西方资产阶级进化论思想为其变法维新制造舆论。比起以前历代的《春秋》学著作，这两部书的政治色彩更加浓厚，而学术成分则略显少了一些，并且为了达到政治宣传的效果，在许多学术问题上，作者体现了更多的主观因素，而少了清代学者的精密考证方法，因此，招致许多学术界和政界人物的强烈批评。不过，两书中对中国传统《春秋》学提出的大胆否定，以及它们所体现的疑古精神，无论是在中国的政界和学术界，都产生了前无古人的影响，被称为"思想界之飓风"。虽然康有为所领导的"百日维新"最后失败了，但康氏所提出的《左传》真伪等学术问题，在民国时期的学术界就掀起了一股讨论热潮，一直影响到今天。

总之，《春秋》学的发展是与中国古代的政治密不可分的，并由此衍生出许多学术问题的争论，而学术的争论又反过来影响《春秋》学在政治中的地位和作用。《春秋》及其三传以及孔子的地位也在这些政治、文化的变动中浮浮沉沉。可以说，了解了《春秋》学的发展历程，也就了解了中国古代的政治和文化。

四　阅读《春秋》及三传的参考文献

1. 沈玉成、刘宁：《春秋左传学史稿》，江苏古籍出版社，1992。

2. 刘黎明：《春秋经传研究》，巴蜀书社，2008。

3. 赵生群：《春秋左传新注》，陕西人民出版社，2008。

4. 赵伯雄：《春秋学史》，山东教育出版社，2004。

5. 杨伯峻：《春秋左传注》，中华书局，1981。

6. 李梦生：《左传译注》，上海古籍出版社，1998。

（北京师范大学历史学院　唐明亮博士）

《礼记》

《礼记》概说

中国向来被称为"礼仪之邦"，礼是中国传统文化的核心，《周礼》、《仪礼》和《礼记》合称"三礼"，是最为系统、全面、集中的先秦儒家礼学文献著作，对历代礼制建设产生了深远的影响。由于先秦儒家学术传授的脉络不明，加上又遭受秦代焚书的灾难，导致"三礼"的来源并不清楚。汉初推行文治教化，广开献书之路，各地的藏书得以被发现并收录，"三礼"文献即在其中。

《周礼》在汉初时名为《周官》，但并未引起重视，王莽当政时，刘歆为国师，将《周官》列入礼经，称《周官经》，又改名为《周礼》，用来作为王莽篡汉改制的政治蓝本。《周礼》以天官、地官、春官、夏官、秋官、冬官象征天地四方六合，分别掌管宫廷、民政、宗庙、军事、刑罚、营造之职，每官又各统辖60官，共360官，各种职官分工合作，体系宏大而周密，是一部通过设立官职来表达经国治民思想的政治典章，与《仪礼》和《礼记》很不相同。

《仪礼》是春秋战国时期一部礼仪制度的汇编，因为所记内容以士的礼仪为主，所以又称为《士礼》，记述有关冠礼、婚礼、丧礼、祭礼、乡饮酒礼、射礼、朝礼、聘礼等具体礼仪制度，涉及上古贵族生活的各个方面。汉武帝"罢黜百家，独尊儒术"，为《诗》、《书》、《礼》、《易》、《春秋》设置五经博士，其中《礼经》指的就是《仪礼》，在"三礼"中首先取得经的地位。据《汉书·儒林传》记载，西汉初年，鲁人高堂生传《士礼》（《仪礼》）17篇，授瑕丘人萧奋，萧奋授东海人孟卿，孟卿授东海郯人后苍，后苍授沛人闻人通汉（字子方）、梁人戴德（字延君）、梁人戴圣（字次君）、沛人庆普（字孝公）。汉代把经孔子整理过的典籍称为"经"，弟子对"经"的解释、说明和补充称为"传"或"记"，礼学家们在传习《仪礼》的同时，都附带传习这些称为"记"的参考资料，这就是《礼记》的来源。在传习的过程中，戴德传《记》85篇，称为《大戴礼记》，或称《大戴记》，到唐代时仅存39篇；其兄长之子戴圣传《记》49篇，称为《礼记》，也称《小戴礼记》或《小戴记》，至此《礼记》方才独立成书。

东汉末年，经学大师郑玄为《周礼》、《仪礼》、《礼记》作注解，从此三书并列，才开始有"三礼"之名。唐初李世民命孔颖达等人撰《五经正义》，以《礼记》取代《仪礼》，正式列入经书之中，并在唐代形成了《礼记》独盛的状况，从此居于《周礼》、《仪礼》之上。究其原因,《仪礼》仅是行礼仪式的节目单,只是告诉人们"怎么做",但是这些条文远离现实生活,文字艰涩、内容繁复、枯燥难读,而《礼记》的文字清新流畅,其内容上可推原性命、穷极物理,下及修身齐家、百姓日用,不仅讲"怎么做",更讲明"为什么",故而位居"三礼"之首的地位一直不曾动摇过。

《礼记》是一部秦汉以前儒家学术文献汇编,《礼记》的基本材料出于七十子之徒及其后学,据《经典释文·序录》说:《中庸》是子思伋所作、《缁衣》公孙尼子所制、《月令》是吕不韦所撰、《王制》是汉时博士所为。南朝梁代的沈约也说《中庸》、《表记》、《坊记》、《缁衣》,都取自《子思子》。可以见出这些文献并非一人一时所作,而且最初往往是单篇流传,内容非常庞杂,其中既有礼仪规范、政治制度的记述,又有关于礼的理论及其伦理道德、学术思想的论述。此外《礼记》的篇章及编次并无义例,有的篇章内容相对集中,如《王制》、《月令》、《儒行》、《冠义》等篇,有的篇章之间互不相关,杂乱无序,如《曲礼》、《檀弓》、《杂记》等,为人们学习《礼记》带来了不便。

《礼记》虽然是文献汇编,且体例不一,总体上缺少《周礼》、《仪礼》的严整和系统,但由于内容更为丰富,充分体现了儒家以礼治国,积极入世的主张与追求。礼是儒家治理社会的法宝,在《礼记》中所占比例最重,蕴涵丰富的礼学思想;儒家重礼的目的是为了治世，这就需要通过个人修为的提升，在此基础上实现对国家和社会的治理，进而形成了儒家的个体人生哲学和政治思想等。

 《礼记》的礼学思想

　　面对春秋战国礼坏乐崩的混乱局面，以孔子为代表的儒家，高举礼的大旗，以恢复西周礼乐盛世为理想来挽救社会的颓败。为了实现这一理想，他们树立起礼作为解决天地间所有问题的权威法则，从礼的起源、礼的意义、礼的性质、礼的功能等方面展开对礼的论述，这些内容散见于《礼记》中众多篇章中，形成了《礼记》丰富的礼学思想。

1. 礼的起源

　　儒家提出以礼治国的政治主张，必须说明礼为什么能起到这样的作用，这就需要追问礼是如何产生的。在古代人们的观念中，天地能够覆盖和承载万物，是万物的根源与主宰，自然也是作为人间秩序的礼得以产生的根据，"古之制礼也，经之以天地，纪之以日月，参之以三光（日、月、星），政教之本也"（《乡饮酒义》），儒家以天地、阴阳、四时等自然现象为依据，制定礼制来规范人们的行为。"夫礼，先王以承天之道，以治人之情，故失之者死，得之者生。……是故夫礼，必本于天，殽于地，列于鬼神，达于丧、祭、射、御、冠、昏、朝、聘。故圣人以礼示之，故天下国家可得而正也。"（《礼运》）意思是说先王禀承天道，仿效地理，取法于鬼神来制定礼，并贯彻到丧事、祭祀、射箭、驾车、冠礼、婚礼、朝礼、聘礼等各种礼仪中去，用礼来诱导和统治人民，天下国家就可以得到治理。

2. 具体礼仪的意义阐释

一般来说，礼的内容有三个方面：一是礼物，包括举行典礼时所使用的衣服、器具、装饰等；二是礼仪，是在典礼活动中参与者的揖让周旋、升登降拜、坐兴俯仰等仪容动作；三是礼义，即附着于礼物、礼仪之上所表达的意义，以此来树立人们对礼的信念。礼的产生都有其特定的意义，这是礼的核心内容，如果只有礼物、礼仪，礼就缺少了内在生命，"礼之所尊，尊其义也。失其义，陈其数，祝史之事也。故其数可陈也，其义难知也。知其义而敬守之，天子之所以治天下也"（《郊特牲》）。这就突出强调要懂得礼的意义并恭敬地持守着，是天子用来治理天下的办法。《礼记》中的很多篇章最初是依附于《仪礼》单篇流传的，其中有《冠义》、《昏义》、《乡饮酒义》、《射义》、《燕义》、《聘义》、《丧服四制》等篇就是对冠、婚、丧、祭、射、朝、聘各种礼仪意义的阐释。

（1）冠礼。

古代男子 20 岁时要举行加冠礼，也就是我们今天所说的成人礼，是个体社会化的一个阶段性标志。在这一整套礼仪中，每一环节都有其特殊的意义。举行冠礼，首先要通过占筮选定日期和嘉宾，以示对冠礼重视；冠礼在台阶上进行，是为了表明父子世代相传的意义；三次加冠是缁布冠、皮弁、爵弁，一次比一次尊贵，表示尊重冠者已经具有成人资格，可以出仕为官。加冠之后为冠者取字，寄予着成人的道义。然后与母亲、兄弟以拜礼相见，拿着见面礼拜见国君、卿大夫和乡先生，表示冠者已经成人，要同他行成人礼，并且从此要以成人之礼要求他，使冠者承担起"为人子、为人弟、为人臣、为人少者"的责任，所以冠礼为众礼之始，具有使人之所以成人的礼义。

（2）婚礼。

从人生礼仪的阶段性来说，婚礼紧接在冠礼之后，《内则》说，男子"二十而冠"，"三十而有室"。《昏义》明确地说："昏礼者，将合二姓之好，上以事宗庙，而下以继后世也，故君子重之。"婚姻的意义并不在于男女的幸福，而在于合二姓之好、祭祀和传宗接代三方面的社会责任，所以婚礼须完成"纳采、问名、纳吉、纳征、请期、亲迎"的礼仪过程，以表示恭敬谨慎、尊重婚礼为正礼。这样才能形成男女间的区别，确立夫妇间的道义："夫妇有义，而后父子有亲；父子有亲，而后君臣有正。"（《昏义》）儒家以家、国、天下同构，这样从以夫妇为主的家庭延伸到以君臣上下等级为主的社会中去，由夫妇到父子再到君臣，构成一个和谐有序的社会体系，因此说婚礼成为礼的根本。

（3）丧礼。

儒家特重丧、祭之礼，《礼记》中记载丧制、丧事、丧服的有《曾子问》、《丧服小记》、《杂记》、《丧大记》、《奔丧》、《问丧》、《服问》、《间传》、《三年问》、《丧服四制》等。其他如《曲礼》、《檀弓》、《杂记》篇也多有涉及。人们的亲属关系由血缘和婚姻所确定，丧礼就体现在这样的关系之中。由于亲属关系中的远近亲疏不同，所以丧礼中人们承担的责任和义务就有所不同，即所谓斩衰、齐衰、大功衰、小功衰、缌麻等五服。丧礼最具有道德伦理的意味，这就是儒家的孝道观念。孝子无论是在家庭，还是在社会，都要坚持庄敬、忠诚、敬业、诚信和勇敢的道德信念，从多方面约束自己的行为，这样就能做到"大孝尊亲"，不使父母尽孝蒙羞受辱，更不至于遭受灾难。

（4）祭礼。

祭祀的对象包括天地山川祖先神灵和有功于人类者，"夫圣王之制祭祀也：法施于民则祀之，以死勤事则祀之，以劳定国则祀之，能御大菑则祀之，能捍大患则祀之"（《祭法》）。通过祭祀来寻求神灵的福佑，表达对先烈的景仰。"君子将营宫室。宗庙为先，厩库为次，居室为后。凡家造，祭器为先，牺赋为次，养器为后。无田禄者，不设祭器；有田禄者，先为祭服。君子虽贫，不粥祭器；虽寒，不衣祭服；为宫室，不斩于丘木。"（《曲礼》）可见当时人们对祭祀的重视。故而包括天子诸侯在内，都要与王后、夫人亲自准备祭品和祭服，"是故天子亲耕于南郊，以共齐盛。王后蚕于北郊，以共纯服。诸侯耕于东郊，亦以共齐盛。夫人蚕于北郊，以共冕服。天子、诸侯非莫耕也，王后、夫人非莫蚕也"（《祭统》）。亲自参与准备表现对祭祀的诚信与恭敬，通过对祭礼的重视和祭品的完备，来实现教化人伦的作用。

（5）射礼。

射礼源于人们通过田猎进行军事训练，是一项经常举行的以习射观德、求贤选能为目的的礼仪活动。射者进退旋转必须符合礼，内心端正，外体正直，然后持弓矢稳固而瞄准目标无差错，然后才谈得上射中，因此可以通过射礼来观察一个人的德行。所以天子可以通过射礼用以选择贤能，乃至考核诸侯才德。射箭体现了仁的道理，"射求正诸己，己正而后发，发而不中，则不怨胜己者，反求诸己而已矣"（《射义》）。因为射箭时要求端正自身，自身端正然后才能发射，如果没有射中，则不要埋怨胜过自己的人，而是要自我反省，寻找自己的不足。这样又可以通过射箭来培养仁的德行，君子的风度。

（6）燕礼。

燕礼就是宴饮之礼，有天子宴饮诸侯之礼，有诸侯之间相互往来宴饮之礼，也有诸侯与群臣宴饮之礼；并且诸侯行射礼之时，也要举行宴饮之礼。燕礼的意义，在于彰明君臣之义。君与卿、大夫、士在宴饮位置和饮酒礼节上都特别突出君主的权威。燕礼的主人是君，应当由君向宾和卿大夫献酒，但是君是至尊无上的，所以君使宰夫代为主人，依次向宾赐酒，受赐者要上堂拜谢，君也要回礼答拜，都有礼数规定。臣下竭力尽能立功于国，君一定要用爵位和俸禄予以报答，因此才有国家的安定。正如孔子所说，"君使臣以礼，臣事君以忠"（《论语·八佾》），在君臣和乐的宴饮中，展现出君臣上下相亲，和睦安宁。

此外还有乡饮酒礼是乡大夫宴请宾客之礼，以尊敬长者、奉养老人来教化人们践行孝悌；诸侯之间每年一小聘，三年一大聘，以聘礼增进感情，相互勉励，对外不相互侵犯，国内君臣不相欺凌。《礼记》对具体礼仪的阐释，为各种礼仪制度赋予了道德内涵及深刻意义，以此实现修身、齐家、治国、平天下的理想。

3. 礼的日常化与全面化

《礼器》说："经礼三百，曲礼三千。"经礼是指礼的大节，曲礼则是礼的小目。《仪礼》17篇，所载都是国家、社会和人生的重大礼仪，其意义重大，当属于经礼；但是人的生活毕竟以日常琐事为主，则又有众多微文小节，体现出礼仪生活日常化的特点。《曲礼》对日常生活中的言行举止都有着详细的说明：不要侧耳偷听别人说话，答话不要高声喊叫，目光不要左右游移不定，不要懈怠放纵而不知检束，走路不要大模大样，站立时身体要正而不偏斜，坐时不要伸开两腿，睡觉不要伏着身子，帽子不要随便脱下；吃饭之时，不要用手抟饭团来吃，已经抓取的饭不要再放回食器中；不要大口喝汤如流，吃饭时不要发出声音，不要在吃饭时剔牙齿等，这些规定涵盖了人们日常生活中的方方面面。《内则》可以说是最早的家训，全面讲述家庭内所应遵循的礼仪法则，包括子事父母、妇事公婆的饮食起居言语之礼，公婆待妇之礼，父母有过子辈劝谏之礼，长妇与众妇相处之礼，小宗和庶子事大宗之礼，夫妇之礼及生子之礼等，家门之内的一言一行，几乎无所不包。

　　无论礼的具体规范多么丰富，也无法涵盖复杂多变的社会生活。针对社会生活由简单向复杂的发展变化，人们在礼的一定原则下，制定出相应的办法。鲁哀公十一年（公元前 484 年）齐国伐鲁，战于郎地，鲁国少年汪踦为保卫祖国而战死。古代未成年而死称为"殇"，不得行成人丧礼。但鲁人感于汪踦为国而死，决定破格为之举丧。孔子十分赞成，说他既然"能执干戈以卫社稷"，就应该用成人之礼。孔子是开创私学的第一人，孔子之前学在官府，官员以自己职业中所具备的文化知识教授弟子，他们的主要身份是官员士大夫，到孔子时老师的身份才得以明确，师生关系是新出现的社会现象，当孔子去世时，弟子为老师服丧没有先例可以参考借鉴，弟子们不知道该如何服丧，子贡根据孔子为颜回、子路服丧时如同为子服丧而不穿丧服，建议为孔子服丧如同为父而不穿丧服，解决了弟子为老师服丧的疑难。儒家试图以礼来全方位地规范千变万化的社会生活，《曾子问》极为鲜明地体现了这样的努力，其中主要论述人们在现实生活中行丧礼时所遇到的、或设想可能遇到的各种情况应该如何处理，如国君去世而太子出生，应当举行告殡和见殡之礼；国君安葬后而太子出生，应当行告庙和取名之礼；以及在行冠礼、婚礼之时遇到各种不同的丧事如何处理等等问题，希望将现实中的各种偶然事件也纳入到礼的范围内，使人们无论面对何种事件，都能做到有礼可依。

書

《礼记》

二. 政治理想与礼乐治世

1. 儒家的理想社会图景

儒家思想的宗旨，最终都要落实到治理社会上来，因此必然有他们的理想社会："大道之行也，天下为公，选贤与能，讲信修睦。故人不独亲其亲，不独子其子，使老有所终，壮有所用，幼有所长，矜寡孤独废疾者，皆有所养；男有分，女有归。货恶其弃于地也，不必藏于己；力恶其不出于身也，不必为己。是故谋闭而不兴，盗窃乱贼而不作，故外户而不闭，是谓大同。"（《礼运》）这是孔子心目中的理想社会，人们以天下为公有，没有私心杂念，都能和睦相处，安居乐业。洪秀全、康有为、孙中山等人都受到过"天下为公"思想的影响，不过这样的"大同"社会只是一种遥远的理想，随着社会的发展，私有观念的出现，以礼治世的思想也相应产生："今大道既隐，天下为家，各亲其亲，各子其子，货力为己，大人世及以为礼。城郭沟池以为固，礼义以为纪；以正君臣，以笃父子，以睦兄弟，以和夫妇，以设制度，以立田里，以贤勇知。"（《礼运》）"大同"的理想社会遥不可及，退而求其次，西周礼乐社会成为孔子的理想追求：以礼义为纲纪，谨慎地实行礼制，以此来彰明道义，成就信用，明察过失，提倡仁爱，讲究谦让，作为治国的常法公之于众，从而构建一个礼义有序而又融洽和谐的"小康"社会。

《王制》记载古代王者治理天下的制度，包括爵禄、封国、职官、祭祀、丧葬、巡守、刑罚、养老、建立城邑、选拔官吏、学校教育等制度，是一篇完整的施政大纲。其核心观念就是以道德仁政治国安民，"一道德以同俗，养耆老以致孝，恤孤独以逮不足，上贤以崇德，简不肖以绌恶"（《王制》），通过规范道德观念来统一社会风俗，赡养老人来诱导人们孝敬长上，抚恤孤独之人来诱导人们帮助贫乏者，尊重贤德之人以崇尚道德，检举无德之人来摒除邪恶。对孤、独、矜、寡穷困而无处求告之人给予经常性的粮食救济，使"喑（哑）、聋、跛、躄（瘸）、断（四肢残缺）者、侏儒、百工"等残疾人能用各自的技能来供给官役，养活自己。以此实现建构一个土地、城邑和人民三者相称，没有空旷的荒地，没有无业的游民，人们安居乐业，努力劳动的美好社会。

2. 礼乐治世的现实功能

礼因为来源于天而具有神圣的特性，成为个人修身、社会和国家治理最根本的依据。对于个体而言，人之所以为人，人与禽兽的区别不在于能否会说话，而在于是否有礼："鹦鹉能言，不离飞鸟；猩猩能言，不离禽兽。今人而无礼，虽能言，不亦禽兽之心乎？夫唯禽兽无礼，故父子聚麀。是故圣人作，为礼以教人，使人以有礼，知自别于禽兽。"（《曲礼》）就个人来说，"人有礼则安，无礼则危"（《曲礼》），礼是人最可靠的保护神。"敬而不中礼谓之野，恭而不中礼谓之给，勇而不中礼谓之逆。"（《仲尼燕居》）野即粗野、给谓巴结、逆指逆乱。人的一切行为和品质都需要礼的指导和约束，否则容易越过界线，走向极端甚至反面。无论富贵贫贱，无论穷困通达，都要以礼自我约束、自我鼓励，可以让人保持清醒的头脑，心志坚定地战胜困难："富贵而知好礼，则不骄不淫；贫贱而知好礼，则志不慑。"（《曲礼》）这样可以使富贵者因喜好礼而去除骄奢淫逸，贫贱者因喜好礼而不再胆怯懦弱。

对社会而言，礼是调整人们关系的行为准则，以亲亲、尊尊、长长、男女有别的原则，来规范人间秩序，保证社会稳定有序。人依于礼而生存，认为祭祀天地鬼神、分辨人际不同地位、区别伦理亲情等，都需要礼的指导和调节。礼是无处不在的，渗透到社会生活的每一个角落，"道德仁义，非礼不成。教训正俗，非礼不备。纷争辩讼，非礼不决。君臣、上下、父子、兄弟，非礼不定。宦学事师，非礼不亲。班朝治军，莅官行法，非礼威严不行。祷祠祭祀，供给鬼神，非礼不成庄"（《曲礼》）。社会生活的一切方面，都纳入礼的规范和指导之下，人在社会中，必须依礼而行，才能各得其宜有条不紊。

儒家主张积极入世，重礼的目的最后落实到治国安民。《礼记》多次提出以礼治国的思想，"为政先礼，礼其政之本"（《哀公问》）；"安上治民，莫善于礼"（《经解》）。在儒家看来，礼是治理国家的准则，"治国而无礼，譬犹瞽之无相与！伥伥乎其何之？譬如终夜有求于幽室之中，非烛何见？若无礼，则手足无所错，耳目无所加，进退揖让无所制"（《仲尼燕居》）。礼对于治国，如盲人的搀扶者，如暗夜里的烛光；无礼，将会使人手足无措，耳目失灵，以致社会的一切都失去准则，因此礼制的兴废与社会的治乱便发生了必然联系，故而可以通过礼来观政："礼之所兴，众之所治也。礼之所废，众之所乱也。"（《仲尼燕居》）在治理国家的整体框架中，不同的礼所起的作用是不一样的，"故朝觐之礼，所以明君臣之义也；聘问之礼，所以使诸侯相尊敬也；丧祭之礼，所以明臣子之恩也；乡饮酒之礼，所以明长幼之序也；昏姻之礼，所以明男女之别也"（《经解》）。礼是用来整顿各种人伦关系，使人各安其位，各得其所的，因此可以禁止混乱的产生。如果破坏甚至废弃礼，则必然招致祸患：婚姻之礼废弃，则夫妇关系就会破坏，而淫乱邪僻的罪恶就会增多；乡饮酒之礼废弃，长幼的秩序就会丧失，而争斗的案件就会随之频生；丧礼和祭礼废弃，作为臣下、儿子就会薄情寡恩；朝聘、觐礼废弃，君臣关系就会破坏，诸侯就会作恶，背叛和侵略的祸乱就会产生。礼对人的教化作用很隐微，但可以防患于未然，使人天天向善，在不知不觉中远离罪恶。

儒家以西周的礼乐盛世为理想，常常以礼乐并称，论述礼乐治世的道理，孔子说："兴于诗，立于礼，成于乐。"（《论语·泰伯》）《乐记》是我国最早的音乐理论著作，特别强调乐与政的关系。音乐产生于人心，是人内心情感的表现，与现实政治的治乱密切相关。通过音乐可以了解政治的得失，"是故审声以知音，审

179

音以知乐，审乐以知政，而治道备矣"。音乐可以分为德音和溺音，有雅正与曲邪之别。"奸声感人"，则有"淫乐兴"，淫声害于德；"正声感人"，则有"和乐兴"，和乐有利于天下。儒家倡导歌颂雅正之乐以教化人民："广大而静，疏达而信者，宜歌《大雅》；恭俭而好礼者，宜歌《小雅》；正直而静，廉而谦者，宜歌《风》。"因而可以通过制礼作乐来规导人心，治理社会，"是故先王之制礼乐也，非以极口腹耳目之欲也，将以教民平好恶，而反人道之正也"（《乐记》）。

四　教育思想与修身之道

儒家因孔子授徒讲学、开宗立派而得以创立，因而十分重视教育活动。从孔子开始，儒家就逐渐形成一套系统而完整的教育理论。《学记》是我国最早的系统记述教育制度、教学内容、教育理论著作。首先强调兴教办学的重要意义，"化民成俗，其必由学"，"建国君民，教学为先"，以教育为建立国家、统治教化人民的头等大事。"玉不琢，不成器。人不学，不知道"，而学习对于个人来说，也是至关重要的。"学然后知不足，教然后知困。知不足，然后能自反也。知困，然后能自强也。"强调教学相长的道理。"一年视离经辨志，三年视敬业乐群，五年视博习亲师，七年视论学取友，谓之小成。九年知类通达，强立而不反，谓之大成。夫然后足以化民易俗，近者说服，而远者怀之。此大学之道也。"说明学习应当循序渐进，积少成多，方能最后达到大成。"故君子之教喻也，道而弗牵，强而弗抑，开而弗达。道而弗牵则和，强而弗抑则易，开而弗达则思。和易以思，可谓善喻矣。"提倡启发诱导式教学。"凡学之道，严师为难。师严然后道尊，道尊然后民知敬学。"强调尊师的重要意义，自天子以下皆当尊师。全文提出了教师在教学中的主导地位、教学相长、启发式教学、循序渐进等一系列极为重要的教学原则，对《论语》中的教学思想作了很好的发挥。

《大学》所记的内容是"博学可以为政"，开篇就说："大学之道，在明明德，在亲民，在止于至善。"即所谓"三纲"，是通过广博的学习，彰明自己内心美善的德行，使人不断自我完善，最后达到完美的道德境界，这是儒家孜孜以求的理想。在此基础上，儒家又提出格物、致知、诚意、正心、修身、齐家、治国、平天下为"八目"的实践途径，其中以修身为根本，"自天子以至于庶人，壹是皆以修身为本"。通过修身即是端正自己的内心，其方法是排除愤怒、恐惧、喜好、忧患之情，不受外界事物的干扰，从而达到端正内心。

《中庸》的"中"，即坚守中道，不偏不倚，"庸"即常，"中庸"之义谓常守中道，不偏不倚，无过无不及。"中也者，天下之大本也；和也者，天下之达道也。致中和，天下位焉，万物育焉。"儒家认为，"中"是天下各种感情和道理的本源，"和"是天下所有事物的通理，只有达到"中和"的境界，天地万物才能各得其位，万物也才能够化育生长。

五　因人情以制礼的原则

《礼运》说人有喜、怒、哀、惧、爱、恶、欲七情，这些情感与生俱来，是不可能禁止的，但又不能任其尽情表露而不加节制。可贵的是礼作为制度规范，在通过约束人们的行为教化民众、调整人们关系的同时，又不是死板地固守条条框框，在众多方面体现出人性化的色彩。以丧礼为例，在服丧期间，不仅对衣食住行都有着严格规定：根据与死者关系的亲疏穿不同的丧服，不能饮酒食肉等；而且在不同阶段的行为举止，也有相应的要求，父母刚去世时、殡棺之后、安葬之后、一周年祭祀、两周年祭祀之后等每一个阶段的内心与外在表现都有具体规定。但在特殊情况下，又可以灵活处理，不必一一照办，《孝经》说身体发肤，受之父母，不可毁伤。孝子如果在守丧期间生病，则又可以饮酒食肉。因为守丧本为尽孝，所以如果孝子经受不起哀痛以致毁坏了身体，那就要被看做是不慈不孝。为了体现孝子之心，表达生者对死者的哀悼与怀念之情，在丧礼祭礼的每一个阶段都要按规定献上祭品，需要一定的物质基础才能办到，但是贫困者对此显然又无能为力，儒家于是提炼出丧祭之礼以哀、敬为主的原则。当子游问办丧事的器物如何才算具备，孔子回答说：与家产多少相称就行了，有家产的不要超过礼制而厚葬，如果没有家产，敛时的衣被只要足以包裹死者的首足形体，敛毕即葬，人们是不会责难的。这些都是考虑到孝子的经济能力，认为只要能尽到哀戚之情即可。

不仅如此，亲朋好友街坊邻里有丧，也要节制自己的感情，表现出自己的哀悼与同情。"邻有丧，舂不相。里有殡，不巷歌。"（《曲礼》）邻家有丧事，不能像平时那样唱歌助舂。同里有丧事，不能在巷中唱歌。帮助送葬一定要抓着拉灵车的大绳，参加丧礼不可以笑，看见灵枢不可以唱歌，送丧不贪走捷径，送葬不避泥途和雨水，参加丧礼脸上一定要有悲哀的颜色。礼的人性化色彩还体现在诸侯国君治政理民之中，比如要根据气候的寒暖燥湿，地势的广狭不同来规划使民居处的城邑；人们的生活习性、风俗习惯因不同气候和地理条件而不同，对人们要加强教化而不去改变其习尚。具体而言，如"岁凶，年谷不登，君膳不祭肺，马不食谷，驰道不除，祭事不县。大夫不食粱，士饮酒不乐"（《曲礼》）。灾荒之年，君臣都要自我降低其生活标准，以示体恤百姓。又如："五十无车者，不越疆而吊人"（《檀弓》），庶人年过 50 岁而没有车的人，不越过国界去吊唁别人，以免受劳顿之累，等等。

《礼记》的内容极为广博，包括先秦礼制、礼意，解释《仪礼》，孔子和弟子等的问答，修身做人的准则。涵盖政治、法律、道德、哲学、历史、祭祀、文艺、日常生活等诸多方面，集中体现了先秦儒家的政治、哲学和伦理思想。但由于《礼记》是文献汇编，时代久远，很多名物制度前人就已注释不明，且体例零散无序，为此学者们根据自己的理解与体会，提出了一些于我们十分有益的阅读方法指导。

梁启超在《要籍解题及其读法》中谈到《礼记》时说："《礼记》为青年不可不读之书，而又为万不可全读之书。"他从增加常识修养的角度出发，分等级为普通读者开列了一个阅读篇目：第一等：《大学》、《中庸》、《学记》、《乐记》、《礼运》、《王制》。第二等：《经解》、《坊记》、《表记》、《缁衣》、《儒行》、《大传》、《礼器》之一部分《祭义》。第三等：《曲礼》之一部分，《月令》、《檀弓》之一部分。第四等：其他。并根据不同等级提出不同要求："吾愿学者于第一等诸篇精读，第二、三等摘读，第四等竟或不读可也。"

王文锦在《经书浅谈·礼记》中提出，可以先读那些文字比较通畅的论文，如《礼运》、《学记》等篇；其次读有关孔子言论的，如《坊记》、《表记》等篇；其次读说明《仪礼》的，如《冠义》、《昏义》等篇；其次读记述各种礼制的，如《礼器》、《郊特牲》等篇；其次读记载生活日常礼节的，如《曲礼》、《内则》、《少仪》等篇；最后读那一批有关丧事丧服的。

（北京师范大学文学院　张厚知博士）

后　记

　　本书的出版，得到中国社会科学院王和老师的帮助和指导，在此表示诚挚的谢意！参与撰写的都是北京师范大学年轻的博士。写作期间，我们进行了多次的集体探讨和协商，我也经常与每位作者交流。大家的责任心很强，扎实用功，努力协作。全书一气呵成，而且每一篇文章都有自己的特色。九位作者及其现在供职的单位分别是：

　　《论语》——骆扬（陕西师范大学历史系教师）

　　《孟子》——刘瑞龙（地质出版社编辑）

　　《大学》——石勇（广西师范学院文学院副教授）

　　《中庸》——罗容海（北京师范大学教育学部2009级博士生）

　　《诗经》——梁杰（北京师范大学文学院2009级博士生）

　　《尚书》——金鑫（北京师范大学历史学院2011届博士生）

　　《礼记》——张厚知（北京师范大学文学院2011届博士生）

《周易》——黄鸿春（广西师范学院政法学院副教授）

《春秋》——唐明亮（江苏省南通大学范曾艺术馆）

巧合的是，九位作者当中有四位是少数民族：石勇和梁杰是壮族，金鑫是达斡尔族，我是瑶族。《四书五经》不仅属于中华民族大家庭，而且她在世界文化史、思想史上也具有极高的地位，我们有共同的责任来弘扬和传承中国传统文化的宝典。

感谢社会科学文献出版社责任编辑和宋淑洁女士热情而细致的工作！

黄鸿春

2011 年春　于北京

《中国史话》总目录

系列名	序号	书名	作者	
物质文明系列（10种）	1	农业科技史话	李根蟠	
	2	水利史话	郭松义	
	3	蚕桑丝绸史话	刘克祥	
	4	棉麻纺织史话	刘克祥	
	5	火器史话	王育成	
	6	造纸史话	张大伟	曹江红
	7	印刷史话	罗仲辉	
	8	矿冶史话	唐际根	
	9	医学史话	朱建平	黄健
	10	计量史话	关增建	
物化历史系列（28种）	11	长江史话	卫家雄	华林甫
	12	黄河史话	辛德勇	
	13	运河史话	付崇兰	
	14	长城史话	叶小燕	
	15	城市史话	付崇兰	
	16	七大古都史话	李遇春	陈良伟
	17	民居建筑史话	白云翔	
	18	宫殿建筑史话	杨鸿勋	
	19	故宫史话	姜舜源	
	20	园林史话	杨鸿勋	
	21	圆明园史话	吴伯娅	
	22	石窟寺史话	常青	
	23	古塔史话	刘祚臣	
	24	寺观史话	陈可畏	

系列名	序号	书名	作者	
物化历史系列（28种）	25	陵寝史话	刘庆柱	李毓芳
	26	敦煌史话	杨宝玉	
	27	孔庙史话	曲英杰	
	28	甲骨文史话	张利军	
	29	金文史话	杜 勇	周宝宏
	30	石器史话	李宗山	
	31	石刻史话	赵 超	
	32	古玉史话	卢兆荫	
	33	青铜器史话	曹淑芹	殷玮璋
	34	简牍史话	王子今	赵宠亮
	35	陶瓷史话	谢端琚	马文宽
	36	玻璃器史话	安家瑶	
	37	家具史话	李宗山	
	38	文房四宝史话	李雪梅	安久亮
制度、名物与史事沿革系列（20种）	39	中国早期国家史话	王 和	
	40	中华民族史话	陈琳国	陈 群
	41	官制史话	谢保成	
	42	宰相史话	刘晖春	
	43	监察史话	王 正	
	44	科举史话	李尚英	
	45	状元史话	宋元强	
	46	学校史话	樊克政	
	47	书院史话	樊克政	
	48	赋役制度史话	徐东升	

系列名	序号	书 名	作 者
制度、名物与史事沿革系列（20种）	49	军制史话	刘昭祥　王晓卫
	50	兵器史话	杨 毅　杨 泓
	51	名战史话	黄朴民
	52	屯田史话	张印栋
	53	商业史话	吴 慧
	54	货币史话	刘精诚　李祖德
	55	宫廷政治史话	任士英
	56	变法史话	王子今
	57	和亲史话	宋 超
	58	海疆开发史话	安 京
交通与交流系列（13种）	59	丝绸之路史话	孟凡人
	60	海上丝路史话	杜 瑜
	61	漕运史话	江太新　苏金玉
	62	驿道史话	王子今
	63	旅行史话	黄石林
	64	航海史话	王 杰　李宝民　王 莉
	65	交通工具史话	郑若葵
	66	中西交流史话	张国刚
	67	满汉文化交流史话	定宜庄
	68	汉藏文化交流史话	刘 忠
	69	蒙藏文化交流史话	丁守璞　杨恩洪
	70	中日文化交流史话	冯佐哲
	71	中国阿拉伯文化交流史话	宋 岘

系列名	序号	书名	作者
思想学术系列（21种）	72	文明起源史话	杜金鹏 焦天龙
	73	汉字史话	郭小武
	74	天文学史话	冯时
	75	地理学史话	杜瑜
	76	儒家史话	孙开泰
	77	法家史话	孙开泰
	78	兵家史话	王晓卫
	79	玄学史话	张齐明
	80	道教史话	王卡
	81	佛教史话	魏道儒
	82	中国基督教史话	王美秀
	83	民间信仰史话	侯杰
	84	训诂学史话	周信炎
	85	帛书史话	陈松长
	86	四书五经史话	黄鸿春
	87	史学史话	谢保成
	88	哲学史话	谷方
	89	方志史话	卫家雄
	90	考古学史话	朱乃诚
	91	物理学史话	王冰
	92	地图史话	朱玲玲

系列名	序号	书名	作者	
文学艺术系列（8种）	93	书法史话	朱守道	
	94	绘画史话	李福顺	
	95	诗歌史话	陶文鹏	
	96	散文史话	郑永晓	
	97	音韵史话	张惠英	
	98	戏曲史话	王卫民	
	99	小说史话	周中明	吴家荣
	100	杂技史话	崔乐泉	
社会风俗系列（13种）	101	宗族史话	冯尔康	阎爱民
	102	家庭史话	张国刚	
	103	婚姻史话	张 涛	项永琴
	104	礼俗史话	王贵民	
	105	节俗史话	韩养民	郭兴文
	106	饮食史话	王仁湘	
	107	饮茶史话	王仁湘	杨焕新
	108	饮酒史话	袁立泽	
	109	服饰史话	赵连赏	
	110	体育史话	崔乐泉	
	111	养生史话	罗时铭	
	112	收藏史话	李雪梅	
	113	丧葬史话	张捷夫	

系列名	序 号	书 名	作 者	
	114	鸦片战争史话	朱谐汉	
	115	太平天国史话	张远鹏	
	116	洋务运动史话	丁贤俊	
	117	甲午战争史话	寇 伟	
	118	戊戌维新运动史话	刘悦斌	
	119	义和团史话	卞修跃	
	120	辛亥革命史话	张海鹏	邓红洲
	121	五四运动史话	常丕军	
	122	北洋政府史话	潘 荣	魏又行
	123	国民政府史话	郑则民	
	124	十年内战史话	贾 维	
近代政治史系列（28种）	125	中华苏维埃史话	杨丽琼	刘 强
	126	西安事变史话	李义彬	
	127	抗日战争史话	荣维木	
	128	陕甘宁边区政府史话	刘东社	刘全娥
	129	解放战争史话	朱宗震	汪朝光
	130	革命根据地史话	马洪武	王明生
	131	中国人民解放军史话	荣维木	
	132	宪政史话	徐辉琪	付建成
	133	工人运动史话	唐玉良	高爱娣
	134	农民运动史话	方之光	龚 云
	135	青年运动史话	郭贵儒	
	136	妇女运动史话	刘 红	刘光永
	137	土地改革史话	董志凯	陈廷煊
	138	买办史话	潘君祥	顾柏荣
	139	四大家族史话	江绍贞	
	140	汪伪政权史话	闻少华	
	141	伪满洲国史话	齐福霖	

系列名	序号	书名	作者
近代经济生活系列（17种）	142	人口史话	姜涛
	143	禁烟史话	王宏斌
	144	海关史话	陈霞飞 蔡渭洲
	145	铁路史话	龚云
	146	矿业史话	纪辛
	147	航运史话	张后铨
	148	邮政史话	修晓波
	149	金融史话	陈争平
	150	通货膨胀史话	郑起东
	151	外债史话	陈争平
	152	商会史话	虞和平
	153	农业改进史话	章楷
	154	民族工业发展史话	徐建生
	155	灾荒史话	刘仰东 夏明方
	156	流民史话	池子华
	157	秘密社会史话	刘才赋
	158	旗人史话	刘小萌
近代中外关系系列（13种）	159	西洋器物传入中国史话	隋元芬
	160	中外不平等条约史话	李育民
	161	开埠史话	杜语
	162	教案史话	夏春涛
	163	中英关系史话	孙庆

系列名	序号	书名	作者
近代中外关系系列（13种）	164	中法关系史话	葛夫平
	165	中德关系史话	杜继东
	166	中日关系史话	王建朗
	167	中美关系史话	陶文钊
	168	中俄关系史话	薛衔天
	169	中苏关系史话	黄纪莲
	170	华侨史话	陈 民　任贵祥
	171	华工史话	董丛林
近代精神文化系列（18种）	172	政治思想史话	朱志敏
	173	伦理道德史话	马 勇
	174	启蒙思潮史话	彭平一
	175	三民主义史话	贺 渊
	176	社会主义思潮史话	张 武　张艳国　喻承久
	177	无政府主义思潮史话	汤庭芬
	178	教育史话	朱从兵
	179	大学史话	金以林
	180	留学史话	刘志强　张学继
	181	法制史话	李 力
	182	报刊史话	李仲明
	183	出版史话	刘俐娜
	184	科学技术史话	姜 超

系列名	序号	书名	作者
近代精神文化系列（18种）	185	翻译史话	王晓丹
	186	美术史话	龚产兴
	187	音乐史话	梁茂春
	188	电影史话	孙立峰
	189	话剧史话	梁淑安
近代区域文化系列（一种）	190	北京史话	果鸿孝
	191	上海史话	马学强　宋钻友
	192	天津史话	罗澍伟
	193	广州史话	张苹　张磊
	194	武汉史话	皮明麻　郑自来
	195	重庆史话	隗瀛涛　沈松平
	196	新疆史话	王建民
	197	西藏史话	徐志民
	198	香港史话	刘蜀永
	199	澳门史话	邓开颂　陆晓敏　杨仁飞
	200	台湾史话	程朝云

《中国史话》主要编辑
出版发行人

总　策　划	谢寿光	王　正	
执行策划	杨　群	徐思彦	宋月华
	梁艳玲	刘晖春	张国春
统　　筹	黄　丹	宋淑洁	
设计总监	孙元明		
市场推广	蔡继辉	刘德顺	李丽丽
责任印制	岳　阳